plein pot INFORMATIQUE

GeoConcept

Version 6.0

Albert Da Silva Pires

Christine Daniaud-Galet

FOUCHER

Avertissement

Cet ouvrage a été conçu dans l'esprit de la collection « Plein Pot » comme un guide orienté et dirigé sous forme d'exercices pédagogiques et leurs corrigés qui s'enchaînent pour constituer des scénarii types en géomercatique.
Il ne prétend nullement être exhaustif de cette discipline récente tant ses champs exploratoires sont complexes et dépendent de la richesse des données spatiales et statistiques à traiter.
Vous entrez dans le monde de la géomercatique plus connu sous le nom de géomarketing. Née de la géographie et de la mercatique, cette discipline ne nécessite pas seulement l'usage d'un logiciel SIG (Système d'Information Géographique) mais requiert surtout la maîtrise de la statistique, de l'analyse de l'espace, de la cartographie, de l'économétrie et de l'interaction de toutes ces disciplines.
Utiliser un SIG et mettre des couleurs sur une carte ne garantit en rien la qualité du message à transmettre ! La cartographie est un art mais également une science basée sur la maîtrise de la sémiologie graphique et les principes fondamentaux de la statistique.
Les exercices présentés respectent ces principes mais ne remplacent pas les connaissances à acquérir en la matière.
Pour cette seconde édition, nous avons souhaité ouvrir le géomarketing aussi bien aux organisations privées qu'aux organisations publiques.

Les auteurs

ISBN 2-216-10506-6

Sommaire

Les fonctionnalités incontournables

Se déplacer dans une carte, choisir les différentes échelles, effectuer des zooms, telles sont les manipulations indispensables, la consultation numérique apportant de nombreux avantages comme la vue globale, les échelles « quelconques » et privilégiées, la mémorisation de lieux, la localisation automatique, la superposition de thèmes géographiques différents. L'avantage de la base de données numériques fait qu'elle autorise la sélection d'objets, la consultation d'informations associées sur la carte, l'interrogation et la représentation cartographique des informations attributaires associées.

1 La boîte à outils

Toutes les manipulations graphiques sur la base de données géographiques s'effectuent à partir de la boîte à **Outils**, fenêtre flottante généralement ouverte lors du chargement d'une carte. À défaut, elle est accessible à partir du menu **Fenêtres** ou par le raccourci clavier **Ctrl + t**.

Boîte à Outils

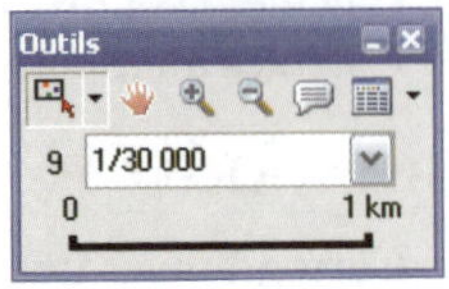

Elle est composée de cinq boutons et d'une partie réservée à l'expression de l'échelle de façon numérique ou graphique.

2 La loupe

Cet outil permet, comme son nom l'indique, d'effectuer des zooms sur des parties de la carte.
Deux modes sont accessibles par deux boutons dans la boîte à outils : **zoom avant** (+) et **zoom arrière** (-).
Cliquez sur cette icône et déplacez la souris au-dessus de la carte pour qu'un cadre au centre duquel se trouve la « cible » se déplace. Placez la cible sur un endroit à agrandir et cliquez. La nouvelle zone affichée, qui contient la partie de la carte entourée par le cadre, est centrée sur le point qui correspondait à la cible. GeoConcept a choisi l'échelle immédiatement inférieure.
On peut également effectuer un **zoom dit « en marquise »** : on choisit la zone à grossir en délimitant à l'aide de la souris le rectangle sur lequel on souhaite le grossissement. Ce zoom provoque le calcul d'une échelle temporaire (proposée dans la barre d'état et écrite en gris dans la barre des échelles de la boîte à **Outils**). En fonction du rectangle dessiné, GeoConcept calcule l'échelle correspondant à l'affichage plein écran de la zone délimitée tout en respectant la dimension de l'écran. La barre d'état indique le nouveau rapport d'échelle.
Il est ainsi possible de continuer à utiliser la loupe jusqu'à ce que la plus grande échelle de la carte soit atteinte. Seul le zoom dit « marquise » reste alors utilisable.
En sens inverse, on peut aller progressivement jusqu'à l'échelle la plus petite en utilisant de façon combinée la touche **Shift** et la loupe ou le zoom arrière, accessible à partir de la boîte à **Outils**. Cet enchaînement permet de passer à l'échelle immédiatement supérieure et donc de réduire l'image.

3 Les échelles

À la différence d'un logiciel de dessin classique, GeoConcept gère les niveaux de détail de manière intelligente, grâce à la notion d'**échelle logique.**

L'utilisateur peut, en effet, définir douze échelles numériques au maximum pour consulter sa base. Pour celles-ci, il précise non seulement le rapport de réduction (échelle physique pouvant aller de 1/1 à l'infini), mais aussi la représentation visuelle de tous les types et sous-types d'objets. Certains objets peuvent apparaître à certaines échelles, changer progressivement de représentation en fonction des échelles ou disparaître.

On entend par « petite échelle » celle qui fait correspondre à une distance terrain une grande distance sur la carte, équivalent à un plus faible rapport de grossissement (1/10 000 est plus petit que 1/5 000).

Dans la boîte à **Outils,** la palette d'échelles définies est déroulée à l'aide de l'ascenseur. En choisissant une des échelles, la carte est redessinée. La barre d'état en bas confirme le choix en écrivant la valeur de l'échelle.

Avec cette palette d'outils, il est possible de modifier la valeur d'une échelle numérique. Cliquez sur le numéro affiché en regard de l'échelle à modifier et une boîte de dialogue propose de modifier cette valeur. GeoConcept signale que la valeur de l'échelle attendue doit être comprise entre celle de l'échelle immédiatement supérieure et celle immédiatement inférieure pour respecter la progression. Ainsi la fonction de zoom a un comportement régulier : l'échelle physique diminuant en même temps que l'échelle logique, chaque zoom se traduit par un grossissement des détails.

Échelles dans la boîte à Outils

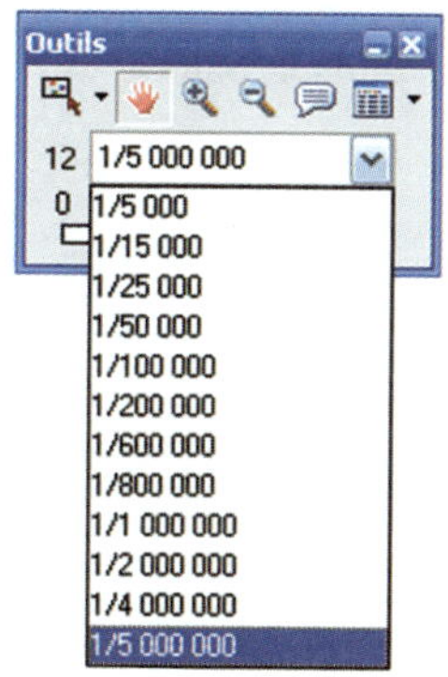

Dialogue de modification d'échelle

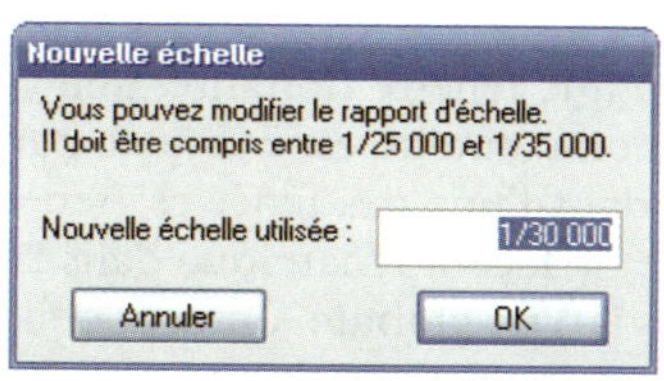

Si, ayant cliqué sur une échelle trop grande, rien ne s'affiche, cela signifie que dans la zone d'affichage, il n'y a aucun objet ou encore que les objets n'ont pas été définis comme apparaissant à cette échelle.

4 La main

La main est l'outil qui sert à effectuer des déplacements sur la carte pour en explorer l'étendue ou pour affiner une position.
Cliquez à un endroit quelconque de la carte pour faire glisser la souris à l'intérieur de l'écran et atteindre de cette façon n'importe quelle partie de la carte. On l'utilise pour se déplacer aux environs de la position courante, mais il serait fastidieux de le faire pour rechercher un détail dont on ne connaît pas la position exacte.

L'outil main dans la boîte à Outils

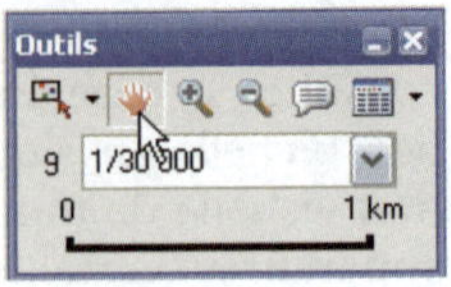

5 La vue globale

Pour se situer dans l'espace géographique et rechercher un détail dont on ne connaît pas la position exacte, ou tout simplement pour connaître sa position, il existe un dispositif commode qui consiste à double-cliquer sur le bouton **Main** dans la palette **Outils** ou en ouvrant la **Vue globale** dans le menu **Fenêtres**.

Vue globale

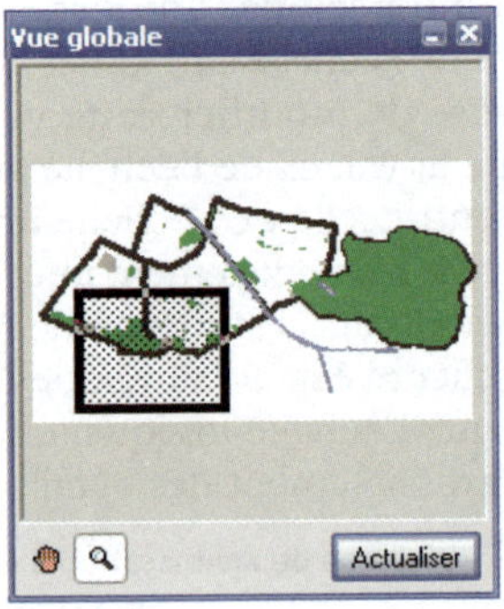

Dans une fenêtre flottante, une vue réduite de la carte s'affiche sur laquelle la position courante est indiquée par un cadre en **vidéo inverse**. Toute manipulation dans l'une des fenêtres (fenêtre **Carte** ou fenêtre **Vue globale**) est répercutée de façon dynamique dans l'autre.
Dans la **Vue globale**, on peut effectuer les mêmes manipulations graphiques que celles de la carte grâce aux deux boutons **Loupe** et **Main**, situés en bas à gauche de la fenêtre. Ils ont la même utilisation que ceux situés dans la boîte à **Outils.**
Le bouton **Actualiser** sert à mettre à jour la **Vue globale** avec les objets présents à l'écran. La **Vue globale** ne contient que les objets visibles sur la base ouverte et utilise les apparences définies pour l'échelle logique courante au moment de l'actualisation. Il est donc vivement conseillé de se placer à une petite échelle avant d'actualiser.

6 La navigation dans la carte et les positions

La barre d'outils **Navigation** du menu **Fenêtres** permet d'enregistrer les lieux sur lesquels vous souhaitez travailler régulièrement pour y accéder ensuite très rapidement.

La navigation

- **Les positions**

À l'aide de la **Loupe** et de la **Main** de la boîte à **Outils**, positionnez l'écran sur une région choisie de la carte. Dans la barre d'outils **Navigation,** accessible à partir du menu **Fenêtres**, donnez un nom à la position en éditant la zone **Créer une nouvelle position** puis validez. Un message demande alors d'enregistrer cette position. Renouvelez l'opération pour enregistrer différentes positions.
Il est ensuite possible de changer d'échelle, de vous déplacer dans la carte. Pour afficher à nouveau une position préalablement enregistrée, il suffit de dérouler la liste des positions sauvegardées.

Choix d'une position enregistrée

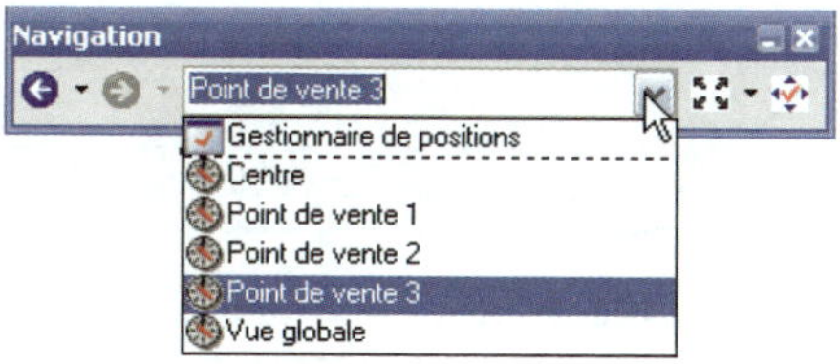

Par un simple clic, les deux boutons représentés par une flèche blanche sur fond bleu permettent d'afficher respectivement, la position précédente ou suivante, qu'elle ait été enregistrée ou non. À chacun de ces boutons est associée une liste qu'on active en cliquant sur la flèche qui indique, pour chaque zone déterminée, la position géographique de son centre. Il est ainsi possible d'afficher directement une zone précédemment affichée (bouton **Flèche gauche**) puis de réafficher les zones ultérieures (bouton **Flèche droite**).
Dans la liste des positions, le **Gestionnaire de positions** autorise la manipulation des positions.
Un dossier appelé **Carte** contient l'ensemble des positions sauvegardées. Les boutons situés en haut du dialogue autorisent les différentes manipulations :

- le premier bouton supprime une position surlignée ;
- les deux boutons suivants permettent de déplacer une position dans l'arborescence. Ils sont particulièrement efficaces lorsque l'on veut déplacer des positions à l'intérieur d'un dossier ;

• le dernier bouton permet de trier l'arborescence des positions par ordre alphabétique.

Pour renommer une position, il suffit de cliquer dessus pour l'éditer.

Deux boutons complètent la boîte de navigation :

– le bouton **Zoomer** sur l'espace de travail calcule l'échelle de l'espace de travail de la carte pour afficher cette dernière dans sa totalité. L'espace de travail correspond à l'encombrement de l'ensemble des objets de la carte dans l'espace géographique ;

– le dernier bouton à droite de la fenêtre active la configuration de l'aide à la navigation.

• **Configuration de la navigation**

Configuration de la navigation

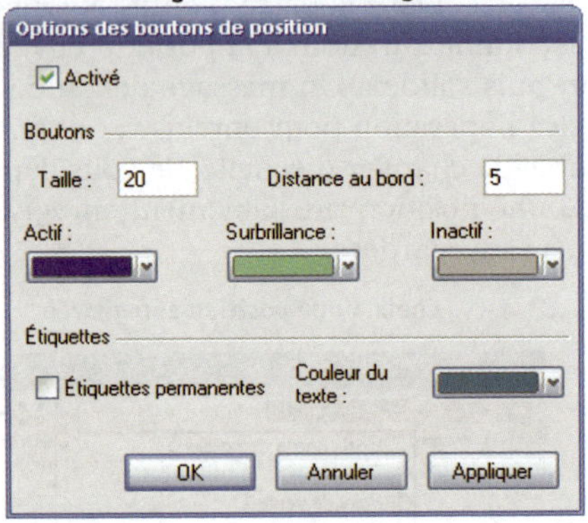

La case à cocher permet d'activer les boutons d'aide à la navigation sur l'écran. Des boutons flèche apparaissent aux quatre coins de l'écran ainsi qu'au milieu vertical et horizontal des côtés de l'écran. La taille de ces boutons, ainsi que leur distance au bord (en pixels), est paramétrable. Sur la carte, quand des positions ont été enregistrées de part et d'autre de ces flèches, celles-ci prennent la couleur définie sur le bouton **Actif**. Quand le curseur chevauche une de ces flèches actives, il prend la couleur définie en surbrillance. Quand aucune position n'est enregistrée dans la direction d'une des flèches, elle prend la couleur définie en **Inactif**. Cliquez sur une des flèches actives pour aller à la position la plus proche dans le secteur défini par la flèche. Un clic droit sur une flèche active liste l'ensemble des positions enregistrées dans le secteur.

Le nom des positions enregistrées peut apparaître de façon permanente, accrochée à chacune des flèches actives grâce à la case à cocher **Étiquettes permanentes**. La couleur du libellé de chaque position enregistrée est paramétrable à l'aide de la palette des couleurs déroulable.

Exemple de flèches de navigation personnalisées

7 L'AFFICHAGE DES OBJETS ET LES VISIBILITÉS

Une carte peut être composée de nombreux thèmes d'objets sur lesquels on doit pouvoir gérer l'affichage en fonction des analyses à réaliser.

- **Cacher, afficher un ou plusieurs types d'objets**

Dans le menu **Apparence**, déroulez la fenêtre **Affichage**.
Une boîte de dialogue montre l'arborescence de tous les types et sous-types d'objets contenus dans la base. En double-cliquant sur un **Type**, apparaît la liste des **Sous-types** qui composent ce type. Un ascenseur peut enrichir cette boîte de dialogue dans le cas de l'ouverture intégrale de l'arborescence.

Arborescence des types et des sous-types d'objets

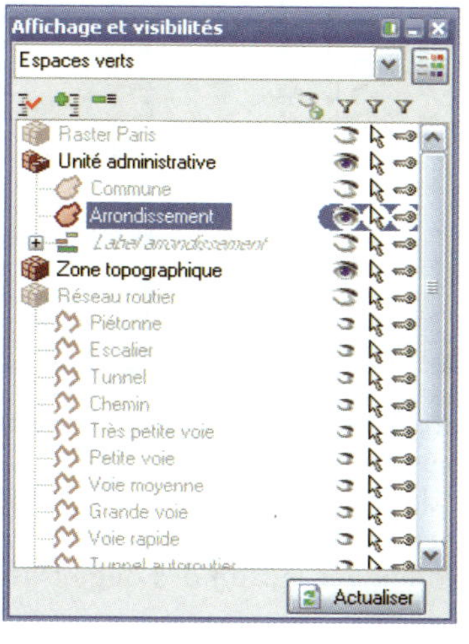

Devant chacun des sous-types, est placée une icône d'indication du **Genre** (ponctuel, linéaire, surfacique ou textuel). À leur droite sont associées trois icônes. La première, l'**œil**, permet de cacher ou d'afficher tous les objets d'un sous-type ou d'un type. En cliquant sur **Actualiser**, on voit immédiatement l'effet de l'opération sans être obligé de fermer le dialogue.

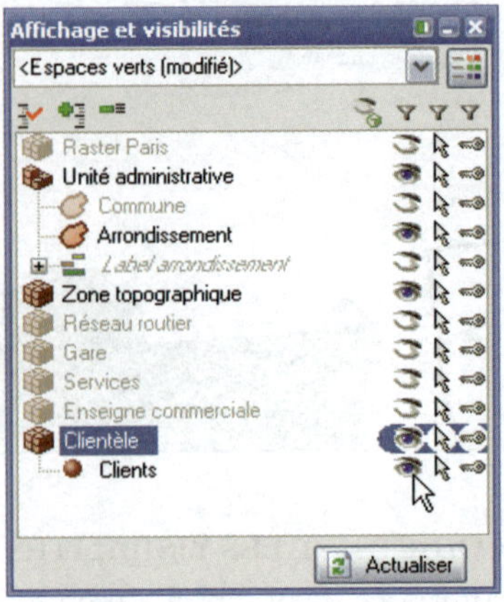

En haut à gauche de la fenêtre, on peut enregistrer des visibilités en éditant la zone pour affecter un nom et le valider au clavier. Dans le cas d'une carte sans visibilité sauvegardée, la zone éditable est nommée **Créer une nouvelle visibilité.**

Enregistrer des visibilités

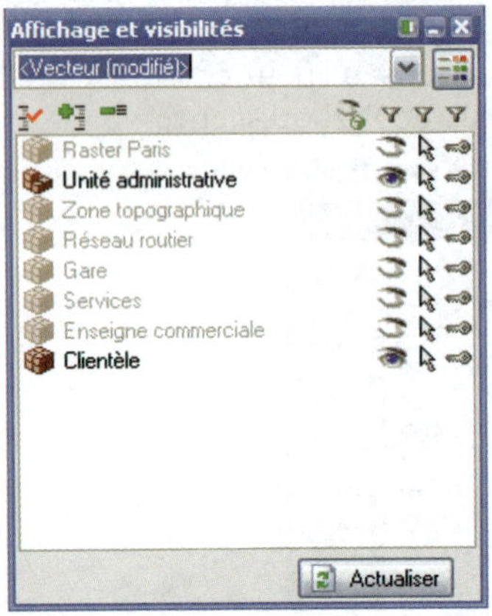

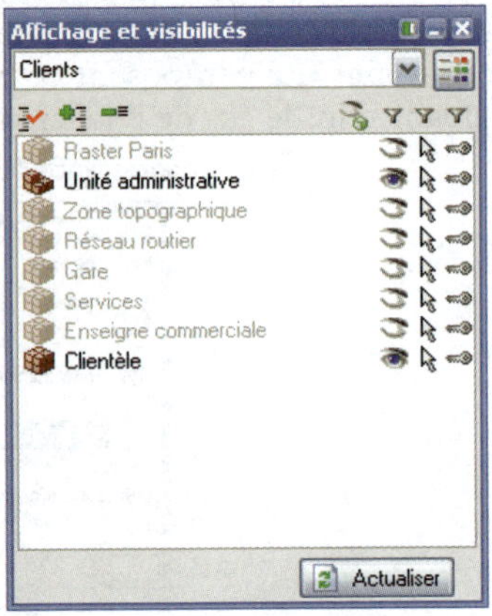

Les visibilités sauvegardées sont accessibles directement sur la carte à l'aide des onglets situés en bas de l'écran. Ne nécessitant aucun développement et donc accessible en standard dans le logiciel, cette fonctionnalité permet de personnaliser son environnement de travail selon les différents besoins d'analyse sur la base ouverte. Double-cliquez sur un des onglets de visibilité pour le renommer.

Les deux autres icônes placées à côté de l'**œil**, la **clé** et la **flèche**, permettent de protéger ou de rendre non sélectionnables des **Types** et **Sous-types** d'objets.

- **L'ordre d'affichage des objets**

La fenêtre **Affichage** permet également d'agir sur l'ordre d'affichage des types et sous-types d'objets. Tous les types affichés dans l'arborescence sont classés dans l'ordre de superposition. Le type d'objets inscrit en début d'arborescence est dessiné d'abord à l'écran, il est donc « en dessous ». Le type d'objets suivant dans la liste est affiché au-dessus du premier et ainsi de suite.
Cet ordre d'affichage est modifiable. Par un simple clic, on surligne le type et/ou le sous-type à déplacer, on laisse le doigt enfoncé sur le bouton gauche de la souris pour l'amener au niveau de l'arborescence souhaitée. Un curseur en forme de flèche permet de préciser finement l'endroit d'insertion dans l'arborescence.

Si l'icône de déplacement se transforme en rond barré, GeoConcept signale qu'il est impossible d'insérer le Type et/ou le Sous-type à ce niveau. Il est ainsi impossible de déplacer un Sous-type d'un Type en dessous d'un autre Sous-type d'un autre Type.

8 La sélection

Un des autres atouts du système d'information géographique est d'identifier les objets que l'on voit sur la carte pour étudier les données qui leur sont associées. C'est la fonction de **Sélection**.
Cliquez sur l'icône de la boîte à **Outils** qui a la forme d'une flèche.
À l'aide de cet outil, cliquez sur un objet ponctuel, linéaire, surfacique ou textuel. Un cadre apparaît autour de l'objet pointé, cadre qui signifie que l'objet est sélectionné. La fenêtre de message en bas de l'écran ou barre d'état indique le sous-type de l'objet sélectionné et son nom.

Outil de sélection

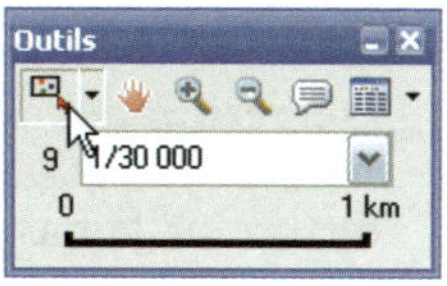

Il est possible de modifier le mode de représentation d'un objet sélectionné (coloriage, rectangle de sélection ou vidéo inverse) à partir du menu **Edition / Préférences / onglet Sélection** du tiroir **Général**.

Si plusieurs objets se trouvent à l'endroit ou à proximité de l'endroit du clic souris, la sélection peut devenir ambiguë. GeoConcept affiche alors une boîte de dialogue listant tous les objets sélectionnables à cet endroit. Choisissez alors dans la liste celui à retenir en cliquant sur son nom. L'objet sélectionné clignote afin d'être distingué des autres objets proches ou superposés.

- **Sélection multiple simple**

Deux méthodes permettent de sélectionner plusieurs objets à la fois.
La première méthode consiste à entourer une série d'objets proches les uns des autres par un cadre virtuel. Ce cadre s'obtient en cliquant sur la carte et en faisant glisser la souris avec l'outil **Flèche** de la boîte à **Outils**. On définit ainsi la diagonale d'un rectangle qui apparaît en pointillé (sélection par marquise). Tant qu'on n'a pas lâché la souris, on peut redimensionner le cadre fictif. Le curseur se transforme en doigt qui indique le coin du cadre lié aux mouvements de la souris. Le point où l'on enfonce le bouton de la souris est le coin fixe du rectangle. Lorsqu'on lâche le bouton, les objets complètement inclus dans le cadre défini sont sélectionnés. Ils sont eux-mêmes entourés d'un cadre ou sont affichés en vidéo inverse selon les préférences de sélection affectées (voir page précédente). La barre indique alors le nombre d'objets sélectionnés.
La seconde méthode consiste à sélectionner des objets un à un s'ils ne sont pas jointifs. On sélectionne le premier objet, puis le deuxième objet en maintenant la touche **Maj** enfoncée. Il s'ajoute à la sélection.

> Dans le cas d'une sélection ambiguë, la boîte de dialogue de choix entre plusieurs objets est proposée. N'oubliez pas de choisir l'option **Ajouter à la sélection** ou **Remplacer la sélection** avant de valider.

En cliquant sur un objet déjà sélectionné, vous le retirez de la sélection.

- **Les autres modes de sélection**

Les six modes de sélection

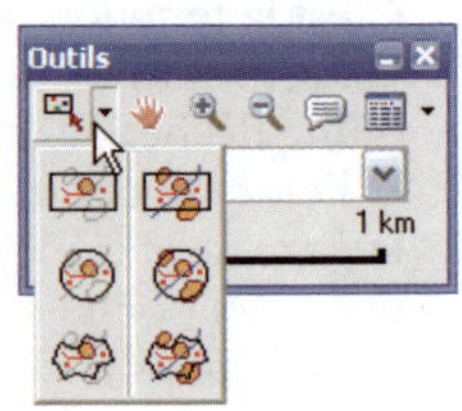

Six modes permettent la sélection d'objets par simple clic :

- **sélection des objets strictement inclus à l'intérieur d'un rectangle** (mode par défaut lors de l'ouverture de la base) : en définissant un rectangle par « marquise » tous les objets strictement inclus dans ce rectangle sont sélectionnés ;
- **sélection des objets intersectant le rectangle** : tous les objets inclus dans la « marquise » et touchant au rectangle sont sélectionnés.

Pour ces deux modes, la barre d'état indique la valeur de la largeur et de la hauteur du rectangle que l'utilisateur définit visuellement.

- **sélection des objets strictement inclus dans un cercle** ou **des objets intersectant un cercle** : objets sélectionnés par un cercle que l'utilisateur définit (même principe que les deux modes précédents). Pour ces deux modes, la barre d'état indique la valeur du rayon du cercle. Cette valeur est affichée à l'intérieur du cercle ;
- **sélection des objets strictement inclus dans un polygone ou intersectant le polygone.** Ces deux derniers modes sont particulièrement pratiques dans le cas de zones ayant une forme compliquée.

9 LES INFORMATIONS ATTRIBUTAIRES

À chaque objet géographique présenté sur une carte, il est possible d'associer des informations dans une base de données sous forme d'attributs consultables dans une fiche. Il existe deux façons d'accéder à ces informations : consulter la fiche d'information objet par objet ou paramétrer une mini-fiche pour consulter une information choisie directement sur la carte.

- **Fiche d'information**

Les informations associées à l'objet sélectionné sont consultables à partir de la commande **Fiche d'information** (**Ctrl + i**) du menu **Objets**, ou en double-cliquant sur l'icône **Flèche** de la boîte à **Outils**, ou enfin directement sur l'objet sélectionné.

Fiche d'information de l'objet

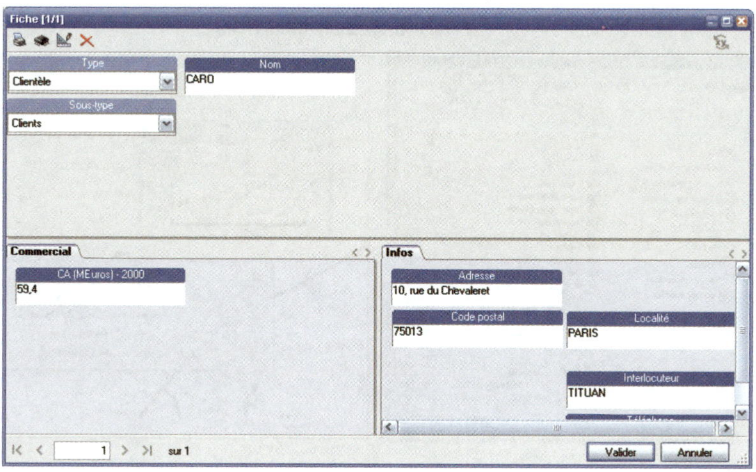

Chaque fiche d'information contient un certain nombre de rubriques appelées **Champs**, dans lesquels sont reportées les informations. Celles-ci peuvent être différentes selon le Type et le Sous-type des objets mais certains champs sont constants et apparaissent sur toutes les fiches. Si les champs ne sont pas protégés, on peut éditer chacun d'eux pour modifier les valeurs.
En sélection multiple d'objets, une fraction située dans la barre de titre de la fiche indique le numéro de la fiche consultée sur le nombre d'objets sélectionnés.

La présentation de la fiche peut être personnalisée à l'aide du bouton  qui permet de déplacer les champs et de changer leur forme.

Dans certains cas, la fiche peut être organisée sous forme d'onglets, chaque onglet correspondant à un dossier de champs défini par l'utilisateur lors de la structuration des données dans le configurateur. La partie supérieure de la fiche d'information présente les champs qui n'ont pas été stockés dans des dossiers. Dans la partie basse de la fenêtre, sont présentés sous forme d'onglets, les différents dossiers de champs nommés. On peut basculer d'un onglet à l'autre en cliquant dessus.

- **Mini-fiche**

En double-cliquant sur le bouton correspondant dans la boîte à **Outils**, on active le paramétrage de la mini-fiche, c'est-à-dire la configuration d'un extrait de la fiche autoaffichable sur la carte en promenant le curseur sur les objets à l'écran (sous forme d'une bulle). Cette fiche est un excellent outil de consultation interactive d'une carte GeoConcept.

Paramétrage de la mini-fiche

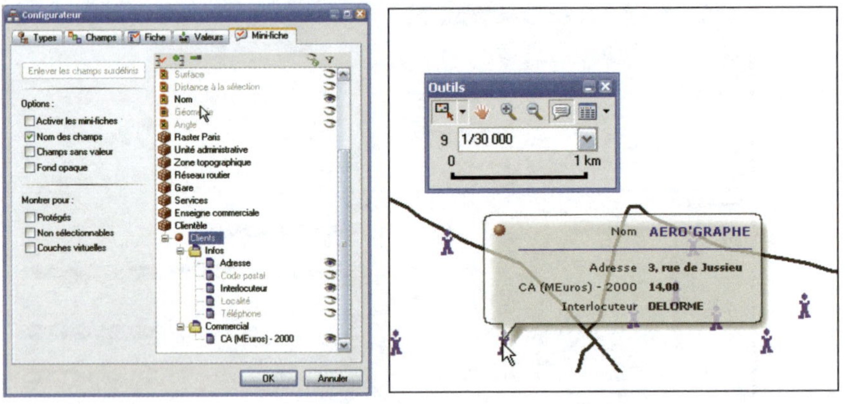

À l'aide du tableau à gauche qui déroule, pour chacun des Sous-types et Types d'objets, les différents champs qui composent la base, choisissez les champs à montrer dans une mini-fiche en ouvrant l'œil du ou des champs à montrer.
À l'aide des options, activez les particularités.
Les mini-fiches s'activent instantanément à partir du bouton dans la boîte à **Outils**. Il suffit de promener le curseur sur la carte : les mini-fiches s'affichent sur les objets choisis. Il suffit de cliquer sur le bouton dédié dans la boîte à **Outils** pour les désactiver.
Les mini-fiches ne s'affichent que pour les objets placés dessus dans l'ordre d'affichage des Types et des Sous-types.

10 LES LISTES

Elles facilitent la consultation des informations associées aux objets sous la forme classique de tableaux dans des fenêtres flottantes.
Différentes listes existent par défaut dans GeoConcept : la **Sélection**, la **Mémoire** et la **Liste de tous les objets**. L'utilisateur peut en créer à partir de la fenêtre de sélection.

- **La fenêtre de sélection**

En sélection multiple, la barre d'état indique le nombre d'objets sélectionnés. Pour connaître leurs attributs, il suffit d'afficher la **fenêtre de sélection** qui est une palette flottante accessible par la boîte à **Outils** par un clic court sur le bouton **Liste d'objets**. La liste de sélection est également accessible à partir du menu **Objets / Listes d'objets**.
Dans cette fenêtre, apparaît la liste des objets préalablement sélectionnés, classés par type, sous-type et nom d'objets :

Fenêtre de sélection

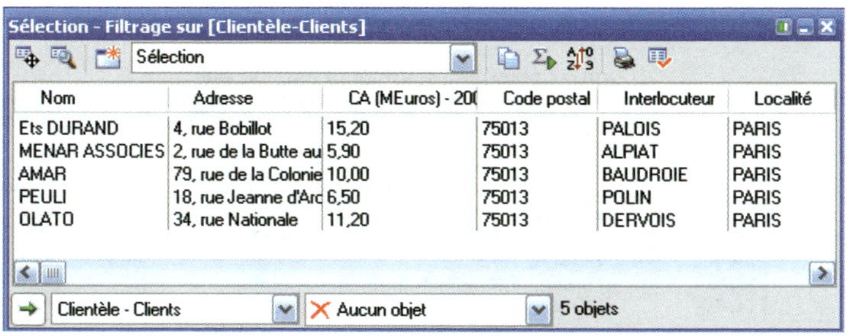

En cliquant sur un ou plusieurs objets de la sélection dans la fenêtre, les lignes sont surlignées et vous pouvez montrer l'objet en cliquant sur la première icône . Les objets ainsi repérés clignotent trois fois sur la carte.

La deuxième icône permet de zoomer sur les objets contenus dans la liste.

La troisième icône permet de créer une liste. Une fenêtre, à l'identique de la fenêtre de sélection, est affichée vide pour permettre le basculement d'objets de la sélection vers la nouvelle liste. Pour ce faire, sélectionnez dans **Sélection** la série d'enregistrements à basculer dans la nouvelle liste, glissez-les avec le curseur dans la liste vide avant de relâcher le curseur. La nouvelle liste est alors enrichie des nouveaux enregistrements sans qu'ils aient disparu de la **Sélection**.
Une autre façon de créer une liste consiste à éditer le nom de la nouvelle liste directement dans la zone dédiée. Elle est alors ouverte à l'identique de la liste de sélection : elle contient les mêmes enregistrements que ceux de la sélection.

En cliquant sur l'icône située à droite de la liste déroulante des listes, il est possible de stocker dans le presse-papiers, le ou les objets sélectionnés (enregistrements surlignés) issus de la fenêtre de sélection. Dans le cas où aucun enregistrement n'est surligné, c'est l'intégralité des objets de la liste qui est stockée dans le presse-papiers. En collant le contenu du presse-papiers dans une application appropriée, on récupère celui de la liste de sélection (les objets et les champs visibles) ainsi que le libellé des champs.

L'icône autorise l'impression du contenu de la liste.

L'icône permet de trier cette liste de sélection à condition que le libellé d'un des champs de la liste soit écrit en gras (clic sur le libellé).
D'autres manipulations sur la liste de sélection sont possibles à l'aide du menu contextuel (clic droit), après avoir surligné un ou plusieurs enregistrements de la liste.

- on peut le ou les copier dans le presse-papiers.
- on peut mettre à jour la sélection en la remplaçant par celle représentée par les enregistrements surlignés ;
- on peut enlever de la liste les enregistrements surlignés en exécutant la commande appropriée ;
- on peut sélectionner tous les enregistrements de la liste, les désélectionner, ou encore inverser une sélection d'enregistrements ;
- on peut enfin ouvrir la fiche d'information d'un objet surligné.

Autres manipulations sur la liste de sélection

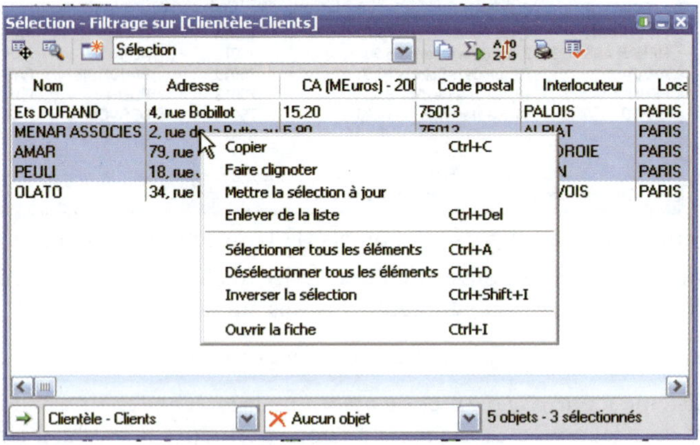

La dernière icône de la fenêtre de sélection permet d'effectuer une présentation soignée du tableau de données afin d'en faciliter la lecture. La fenêtre propose trois onglets. L'onglet **Apparence** permet la personnalisation des champs (visibilité, couleur, alignement, texte, police...). Les deux autres, appelés **Rupture** et **Rupture finale**, complètent la personnalisation de la vue tableur, en proposant d'intégrer des calculs intermédiaires ou globaux sur tout ou partie des objets composant la liste.

Personnalisation de la liste

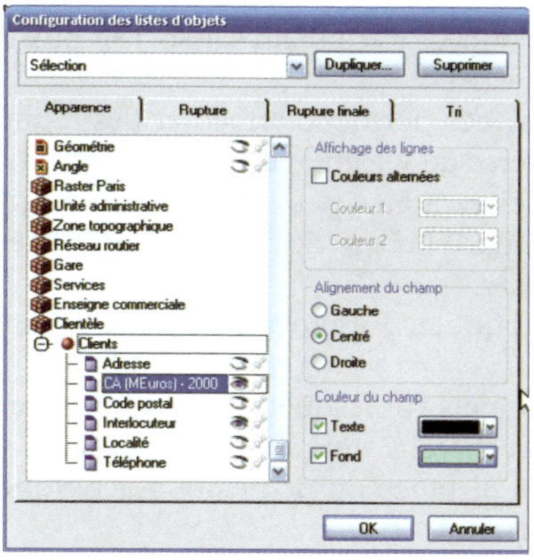

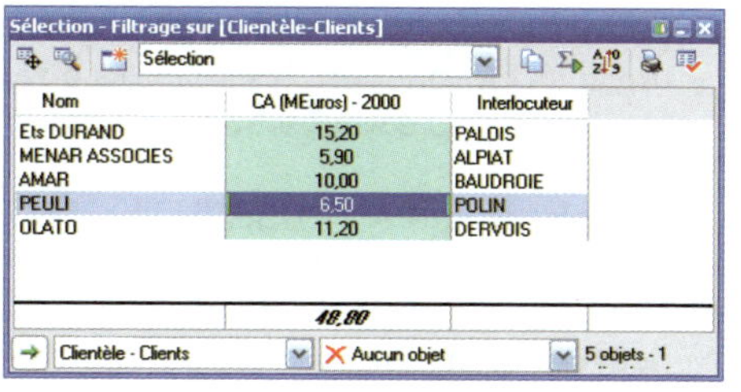

- **Les autres listes**

Les listes permettent de conserver une association d'objets pour une consultation non plus graphique, mais sous forme de tableaux – elles proposent ainsi une autre façon de consulter des objets. Elles offrent également la possibilité d'éditer les différentes cellules représentant les valeurs des champs, pour les modifier directement dans la liste, sans basculer sur la fiche d'information de l'objet concerné.

Il existe deux types de listes, celui automatiquement généré par GeoConcept, qui comprend la liste de sélection (temporaire), la liste mémoire et la liste de tous les objets ; et celui préparé, nommé et sauvegardé par l'utilisateur.

Le **Gestionnaire de listes d'objets** permet de manipuler ces listes. Il est accessible par le menu déroulant en haut de la fenêtre. Cliquer sur une des listes proposées ouvre une nouvelle fenêtre avec la collection d'objets sauvegardés.

Autres manipulations sur la liste de sélection

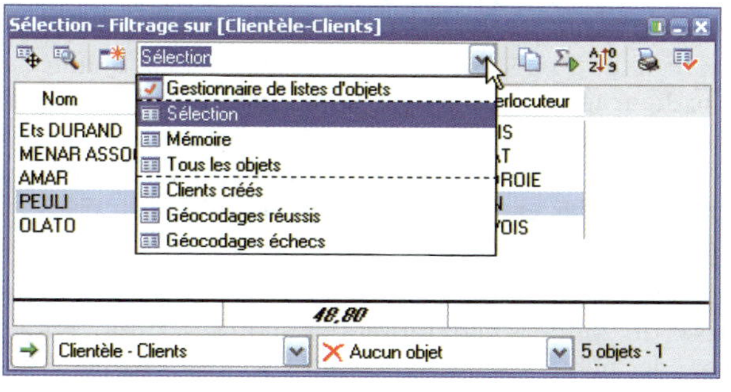

11 LES REQUÊTES

Elles permettent d'interroger la base de données attributaires associées aux objets et d'en exprimer le résultat de manière visuelle.
La commande **Chercher** du menu **Données** permet d'effectuer des requêtes à plusieurs niveaux de conditions et de critères de sélection en fonction des champs de la base de données. Paramétrables, les requêtes peuvent être sauvegardées, permettant ainsi de personnaliser en standard la base de données sur laquelle on travaille, en fonction des analyses à réaliser.
Quatre onglets composent ce dialogue : **Requête, Topologie, Options** et **Pseudo-SQL**.
L'onglet **Requête** permet de choisir les objets sur lesquels porte la requête et de construire les différentes conditions de recherche uniques ou multiples.
Dans l'onglet **Topologie**, des critères de distance ou de position géographique peuvent composer des conditions de requêtes.

12 LE GÉOCODAGE

C'est l'opération qui associe des coordonnées géographiques à chaque enregistrement d'une base de données associée à un localisant : un nom ou code de localité, une adresse postale, un numéro de parcelle cadastrale, etc.
La mise en œuvre du géocodage dans une carte GeoConcept demande de spécifier quelle table de référence est utilisée. Une table de référence décrit la correspondance entre des localisants et leurs coordonnées géographiques : table de référence des villes d'un pays, table de référence des rues d'une ville, etc. Selon les besoins, on peut réaliser un géocodage dans une unique carte GeoConcept en faisant appel à plusieurs tables de référence. Réciproquement, une même table de référence peut être « partagée » par plusieurs cartes. Enfin, les tables de références peuvent être générées à partir de l'information géographique contenue dans une carte.

Le géocodage est une étape qui demande beaucoup de rigueur pour mettre en correspondance les adresses d'un fichier avec celles d'une table de référence. Le résultat du géocodage dépend donc de la qualité des adresses. Les fautes d'orthographe et de frappe sont à surveiller activement. Les adresses du type Zone industrielle ou Centre commercial ne sont pas assez précises pour permettre un positionnement automatique de l'objet. Une étape de traitement interactif des erreurs avec proposition de solutions approchantes est nécessaire.

Certaines tables de référence sont livrées avec le logiciel, d'autres sont remises avec les bases de données géographiques acquises. Enfin, l'utilisateur peut générer lui-même des fichiers de référence qui s'appuient sur les entités géographiques de la base de données qu'il exploite.
Lancer le géocodage dans GeoConcept intervient le plus souvent après l'importation d'un fichier de données contenant des adresses, qui génèrent des objets

ponctuels. Il est accessible à partir de la barre principale, appelé **Géocodage** et contient toutes les commandes nécessaires.

13 La cartographie thématique de données statistiques

Elle consiste à représenter sur une carte l'information statistique ou qualitative descriptive associée aux objets géographiques *via* un langage graphique reconnu. Du point de vue de la statistique, il s'agit de cartographier toutes les valeurs associées aux objets pour ne perdre aucune information. Or, les règles de la perception visuelle contredisent cette nécessité, rendant ainsi indispensable la « réduction » de l'information. La discrétisation s'impose alors pour rendre discontinue, une série de valeurs mesurables au préalable sur une échelle continue de valeurs. Différentes méthodes statistiques sont proposées pour effectuer cette opération de rangement en classes.
La sémiologie graphique suit un nombre de règles qui consistent à utiliser, selon des techniques rigoureuses, différents signes graphiques qu'on appelle « langage graphique ». La carte thématique n'étant qu'une représentation de la réalité, le langage graphique mal maîtrisé peut influer sur le résultat : une carte peut « mentir ». GeoConcept est un outil qui facilite le travail d'analyse thématique et de représentation graphique de l'information statistique mais n'influe en rien sur les choix de visualisation faits par l'utilisateur.

Pour traiter des données statistiques, GeoConcept utilise le concept de couche virtuelle. La couche virtuelle est une manière de représenter visuellement des informations contenues dans la base de données. Plusieurs genres de couches virtuelles sont disponibles :

- les genres **Plages de couleurs** et **Flux** sont utilisés principalement dans la représentation cartographique d'un seul champ de la base de données. Le genre **Plages de couleurs** sert également à indiquer le résultat du croisement de deux variables statistiques dont on a calculé l'écart par rapport à la droite de régression linéaire ;
- les genres **Histogrammes** et diagrammes circulaires (**Camemberts**) sont utilisés dans la représentation de plusieurs champs qu'on souhaite montrer ensemble sur la carte ;
- le genre **Symboles** est utilisé pour indiquer les valeurs d'un champ numérique mais peut également être exploité pour représenter plusieurs champs en jouant sur la forme, la taille, la couleur et l'angle.

La prudence est requise pour ces genres de couches virtuelles : plus les champs supports de représentation sont nombreux et moins la carte est compréhensible.

La couche virtuelle **Plages de couleurs** sert de préférence à la représentation des données statistiques en implantation zonale (sur des objets surfaciques). Elle peut être utilisée en implantation ponctuelle à condition que les objets ponctuels soient de taille suffisante pour être visibles à l'œil.

La couche virtuelle **Symboles**, qui s'applique aux trois implantations surfacique, linéaire et ponctuelle, est utilisée pour représenter des masses ou des quantités brutes ; la couche virtuelle **Plages de couleurs** est, elle, réservée aux données de ratio.
La couche virtuelle de genre **Flux**, quant à elle, se décline en deux versions. La première s'applique aux objets linéaires sur lesquels l'utilisateur souhaite représenter par une différence d'épaisseur, la valeur d'un champ (trafic, débit…). La deuxième, communément appelée **Oursins**, sert à représenter des déplacements entre des lieux.
Enfin, les couches virtuelles **Plages de couleurs** et **Symboles** peuvent être utilisées pour cartographier des données qualitatives, discrètes.
Cartographier par des à-plat verts les forêts d'une région, violets les zones viticoles, jaunes les zones plantées en céréales… revient à faire des distinctions de zones sans aucune notion d'analyse statistique.
Une couche virtuelle est toujours associée à un Sous-type d'objets et dépend de lui. Elle répond de façon dynamique aux modifications éventuelles du ou des champs sur le(s)quel(s) elle est branchée. Ainsi, la représentation cartographique est systématiquement réactualisée une fois le paramétrage de la couche virtuelle défini ou lorsque les données ont été modifiées.

14 Les labels sur une carte

Une carte muette est souvent difficile à comprendre ; l'utilisateur a notamment du mal à se situer dans l'espace. GeoConcept étend le principe des couches virtuelles en proposant le genre **Etiquettes** qui permet d'écrire sur les objets de la carte la valeur d'un ou plusieurs champs qui leur sont associés.
La couche virtuelle **Etiquettes** dépend du Sous-type d'objets auquel elle se réfère, réagissant de manière dynamique à toute modification du ou des champs support.
Des outils de personnalisation des couches virtuelles sont proposés et sont particulièrement utiles dans la manipulation des **Etiquettes**. En effet, la réalité du terrain fait que, souvent, les textes associés aux objets se chevauchent.
GeoConcept facilite ainsi le déplacement des étiquettes, associé ou non à une flèche de renvoi. Un autre outil permet de montrer ou cacher l'expression de la couche virtuelle pour certains objets.
Ces paramètres de personnalisation des couches virtuelles sont stockés dans les champs des objets auxquels elles se réfèrent et peuvent être manipulés comme n'importe quel autre champ.

15 La mise en page

La commande **Mise en page** est accessible à partir du menu **Fichier**.
La mise en page constitue souvent l'étape ultime dans l'analyse cartographique d'un phénomène. Elle consiste à placer différents blocs sur une feuille de papier dont l'utilisateur définit la taille et l'orientation. Plusieurs types de blocs peuvent

être insérés grâce à une boîte à outils dédiée : carte, liste, légende, échelle, titre, date, image, texte, graphe...

Une mise en page peut être définie sur plusieurs pages. Comme tout autre document de publication, un masque permet de définir les blocs à répéter sur toutes les pages, ou sur les paires ou les impaires seulement. Des outils d'alignement permettent de parfaire le positionnement des blocs.

Les outils de zoom ou de déplacement agissent à la fois sur la feuille de papier et sur le contenu de certains blocs afin d'en agrandir ou d'en diminuer les détails.

Enfin, la mise en page peut être sauvegardée pour être réutilisée et réactualisée en fonction des modifications apportées aux différents éléments : les cartes, les listes, les échelles, les graphes. Elle réagit ainsi de façon entièrement dynamique aux corrections ou évolutions affectées à la carte.

Toute mise en page sauvegardée peut être exportée vers une autre application réservée à la communication. Elle est intégrée en tant qu'image dans un autre document, et peut également être sauvegardée au format .xml pour des échanges, ou au format .pdf pour une impression facile.

16 Les principaux outils de topologie ou d'analyse spatiale

Un des intérêts du SIG (système d'information géographique) est de connaître les relations qui peuvent exister entre les objets présents sur la carte : relations de proximité, de distance, d'inclusion..., on parle de topologie. Il est parfois nécessaire de créer de nouveaux objets par combinaison d'objets existants. GeoConcept propose plusieurs outils de topologie.

Le **regroupement de zones** a pour but de créer des objets surfaciques à partir d'objets surfaciques existants qui partagent la même valeur d'un champ clé. On récupère également les informations attributaires associées aux objets existants sur les nouveaux objets déduits par des opérations arithmétiques (somme, minimum, moyenne...).

L'**intersection**, une autre fonction topologique de GeoConcept, permet d'isoler l'entité qui représente le chevauchement d'objets surfaciques existants.

Un autre outil topologique communément utilisé est la **zone tampon**. Il s'agit d'une zone d'influence dont la géométrie est définie par une distance à vol d'oiseau par rapport à un ou plusieurs objets référence. Une variante consiste à utiliser un graphe routier bâti sur des vitesses moyennes de circulation attribuées à des catégories de routes pour créer des zones d'influence selon la longueur du parcours ou le temps de parcours qu'on appelle communément des zones isochrones.

Scénario A

Disponible dans le CD-Rom, dans le dossier GeoConcept/Cartes/ScenarioA, cette première carte ScenarioA représente le Sud parisien, et plus précisément les quatre arrondissements des Ve, XIVe, XIIIe et XIIe enrichis des espaces verts et des axes de communication routière. Elle servira de carte de référence dans les chapitres 1 à 7.

Comme pour tout logiciel professionnel, décrire GeoConcept sans se placer dans un contexte professionnel aurait eu peu de sens. C'est pourquoi, dans ces chapitres, les fonctions principales du logiciel seront abordées à travers un exemple suivi : celui d'une organisation privée ou publique qui souhaite analyser un territoire en vue de l'implantation éventuelle d'un nouveau point de vente (ou d'une agence).

Ce territoire est composé des quatre arrondissements parisiens Ve, XIXe, XIIIe et XIIe, sur lesquels trois points de vente (agences) agissent déjà. Après avoir localisé les clients sur la carte, nous étudierons la pénétration de l'enseigne (ou de l'agence) sur le territoire. Nous visualiserons les zones d'emprise de chacun des points de vente et leur cannibalisation éventuelle. Enfin, nous organiserons un itinéraire de livraison entre deux points de vente (agences), sachant que nous profiterons de ce parcours pour visiter certains clients.

À partir de cette carte, nous découvrirons donc les fonctionnalités suivantes de GeoConcept :

- *l'importation d'un fichier de clients à partir de plusieurs tables Access ;*
- *le géocodage des clients à l'intérieur des arrondissements parisiens et à l'adresse ;*
- *l'écriture d'une requête qui cherche les clients ayant généré un chiffre d'affaires supérieur à 15 000 euros et situés à moins de 1 km du point de vente 1 ;*
- *la création d'un champ formule qui calcule le taux de pénétration des clients de l'enseigne par arrondissement ;*
- *l'analyse thématique du taux de pénétration pour constater l'emprise (représentation cartographique par plages de couleurs) ;*
- *la création de zones tampon autour de chacun des trois points de vente ;*
- *la génération de zones isochrones autour de chacun des trois points de vente ;*
- *la génération automatique de zones d'intersection à partir des zones tampon qui se chevauchent (cannibalisation) ;*
- *la création d'un champ formule pour connaître le chiffre d'affaires cannibalisé sur la zone d'intersection ;*
- *le calcul d'un itinéraire de livraison entre deux points de vente, en prenant en compte les étapes chez plusieurs clients.*

Si vous êtes dans une phase de découverte du logiciel, nous vous recommandons de commencer par le chapitre 1 et de suivre les différentes étapes décrites, jusqu'au chapitre 11. Si vous devez interrompre votre apprentissage, veillez à enregistrer la carte sur laquelle vous avez travaillé. Ensuite, vous ouvrirez la carte enregistrée afin de reprendre là où vous en étiez.
Après avoir réalisé les différentes étapes d'un chapitre, vous pourrez visualiser le résultat (ou corrigé) en ouvrant la carte disponible sur le CD, dont le nom reprend le numéro du chapitre dans lequel vous êtes : ouvrez **ScenarioA_chap2.gcm** en fin de chapitre 2, par exemple.
Si vous souhaitez vous familiariser avec une fonctionnalité, vous pouvez accéder directement au chapitre qui vous intéresse. Il faudra alors ouvrir la carte correspondant au résultat du chapitre précédant le vôtre : Ouvrez **ScenarioA_chap2.gcm** pour commencer à travailler sur le chapitre 3.

Sur la carte vierge **ScenarioA.gcm**, il est possible de consulter l'ensemble des thèmes à l'aide des onglets de visibilité situés en bas de l'écran. En ouvrant la carte, l'image des quatre arrondissements de Paris apparaît. Cette carte est muette. Cliquez sur l'onglet de visibilité **Début** pour voir les objets vectoriels des arrondissements de Paris.
La carte propose différents éléments couramment visualisés en milieu urbain. Outre le réseau routier (lignes), les éléments topographiques (polygones), une enseigne commerciale (points) et le contour des unités administratives (polygones), on constate l'existence d'autres Types, comme celui des gares (RER et métro) et des services (commissariats, parkings et mairies). Ces deux derniers Types sont de genre ponctuel. Un dernier Type complète la carte en proposant une image d'un plan de Paris. Les trois points de vente existants sont également visibles.
Différentes données sont associées sous forme de champs aux principaux Types et Sous-types d'objets avec lesquels nous allons travailler :
– sur les unités administratives, on dispose du code INSEE, du code postal et de la population ;
– le réseau routier contient le nom de chaque tronçon de voie ainsi que le bornage pair et impair des voies ;
– les trois points de vente disposent des champs **Adresse**, **Localité**, **Code postal** et **Nb d'employés**.

Conseils techniques

Copiez le dossier **GeoConcept** sur votre poste avant d'exploiter les cartes. Ouvrez ensuite le logiciel, puis cliquez sur **Fichier / Ouvrir** et sélectionnez la carte que vous désirez utiliser.
Voir page 128 pour plus de détails.

1 Importer un ficher clients

Rapatrier sur la carte un fichier au format Access contenant des informations de clientèle.

*Ouvrez la carte vierge ScenarioA.gcm sur le répertoire GeoConcept\Cartes\ScenarioA avec l'onglet de visibilité **Début** et la position **Vue globale**.*
*Copiez sur votre disque dur le fichier **Clients.mdb** disponible dans le dossier **GeoConcept\Cartes\ScenarioA**. Dans les propriétés du fichier, décochez l'attribut **Lecture seule**.*

1 Réaliser une connexion avec une base de données

1. Dans le menu **Données** :

➤ Exécutez la commande **Données externes** puis **Gestionnaire de configurations.**

2. Dans la boîte de dialogue **Gestionnaire de configurations** :

➤ Cliquez sur l'onglet **Sources de données** ❶ et sélectionnez **Connexions** ❷.

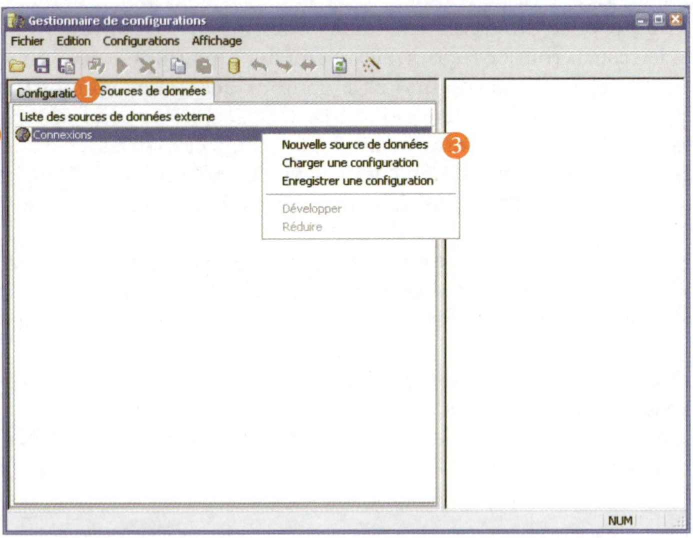

➤ En cliquant avec le bouton droit de la souris, exécutez la commande **Nouvelle source de données** ❸ pour effectuer un lien au service d'accès des données OLE DB (Microsoft).

3. Dans la nouvelle boîte de dialogue **Assistant de configuration de source de données externe** :

- Donnez un nom à la connexion : **Clients ACCESS** ①.

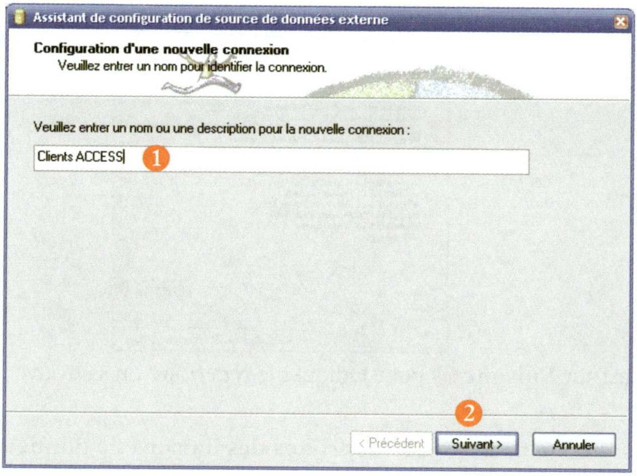

- Cliquez sur le bouton **Suivant** ②.

4. Dans l'assistant suivant :

- Validez **Un fournisseur OLE DB** ①.
- Cliquez sur le bouton **Définir les propriétés** ②.

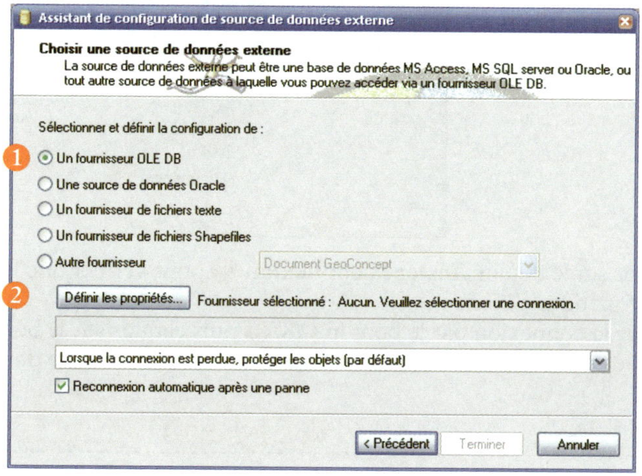

5. La boîte de dialogue **Propriétés des liaisons de données** s'affiche :

➤ Choisissez le fournisseur Access **Microsoft Jet 4.0 OLE DB Provider** ❶ pour un accès aux bases de données Access à partir d'Access 2000.

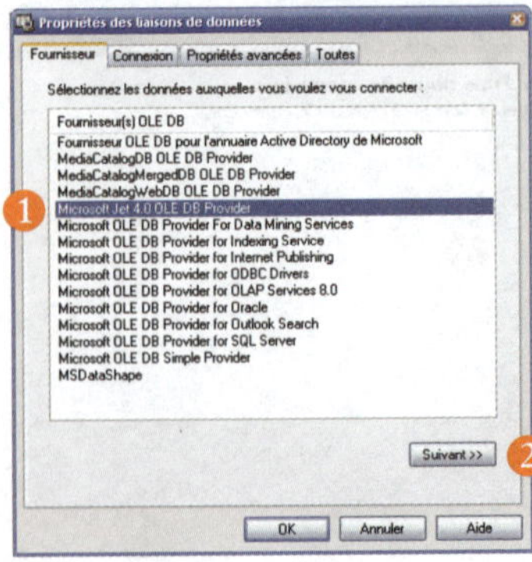

➤ Cliquez sur **Suivant** ❷ pour indiquer le répertoire où se trouve la base de données.

6. Dans la boîte de dialogue **Propriétés des liaisons de données** :

➤ Cliquez sur le bouton représenté **par trois points de suspension** ❶ pour indiquer le chemin où se trouve la base de données (fichier **Clients.mdb** copié sur votre disque dur).

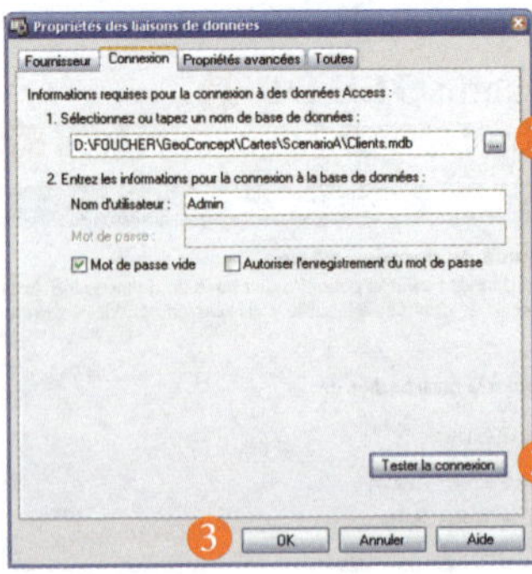

➤ Cliquez sur le bouton **Tester la connexion** ❷ pour vérifier que le lien au fichier Access fonctionne bien.

➤ Validez la connexion par le bouton **OK** ❸ puis cliquez sur le bouton **Terminer** de la boîte de dialogue **Assistant de configuration de source de données externe.**

Astuces

Si le test de connexion en cliquant sur le bouton du même nom est invalide, contacter l'administrateur du parc informatique pour une mise à jour des pilotes bases de données.

Pour trier une colonne dans l'ordre croissant ou décroissant dans le gestionnaire des données externes, il suffit de cliquer sur le libellé de la colonne.

7. Dans la boîte de dialogue **Gestionnaire de configurations** :

➤ Visualisez la connexion dans l'onglet **Sources de données** ①.
➤ Cliquez sur le signe **+** ② à gauche du nom du lien précédemment configuré pour visualiser les tables contenues dans la base.
➤ Cliquez sur la table **Clients_tout** ③ pour visualiser les colonnes qui constituent la table sélectionnée.

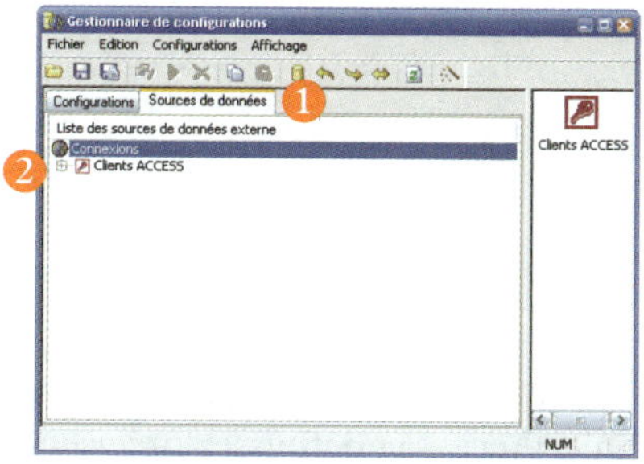

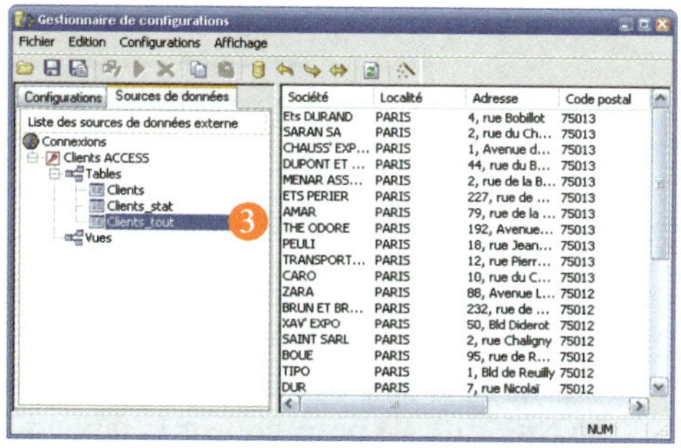

➤ Sélectionnez l'onglet **Configurations** ④ pour définir les tables à importer dans GeoConcept.
➤ Effectuez un clic avec le bouton droit de la souris sur **Configurations** ⑤ pour choisir **Nouveau lien d'import** ⑥.

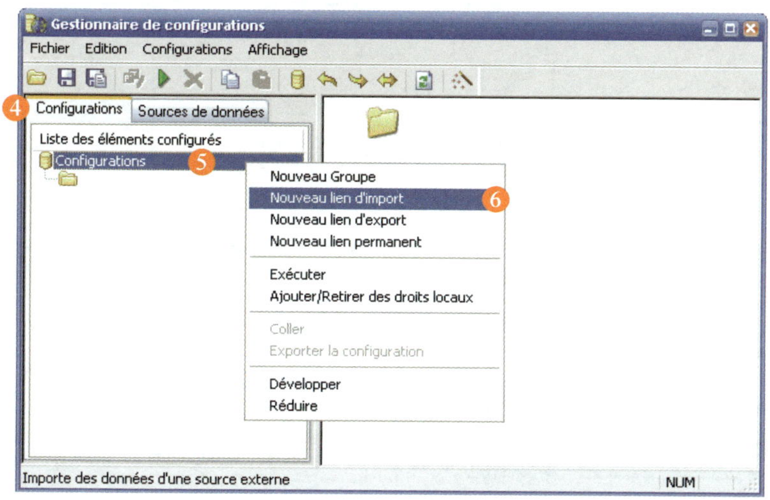

8. Dans la nouvelle boîte de dialogue **Assistant de configuration de lien** :

➤ Nommez la configuration d'importation dans la boîte de dialogue **Import clients** ①.
➤ Cliquez sur **Suivant** ② pour configurer le type d'importation.

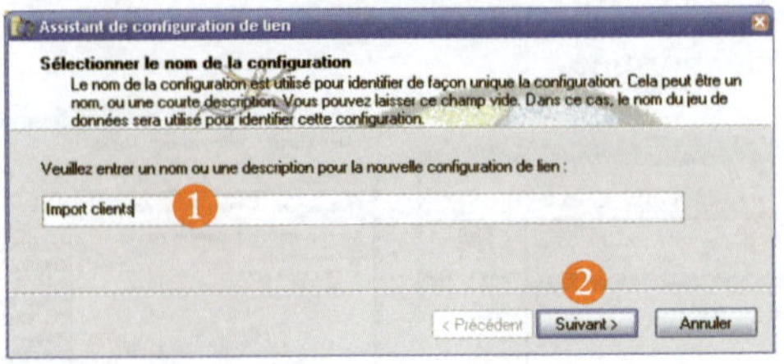

9. Dans la boîte de dialogue **Assistant de configuration de lien – Principaux paramètres d'importation** :

➤ Validez le lien **Importation standard** proposé ①, puis cliquez sur le bouton **Suivant** ② pour choisir la table du fichier Access et définissez précisément les critères d'importation.

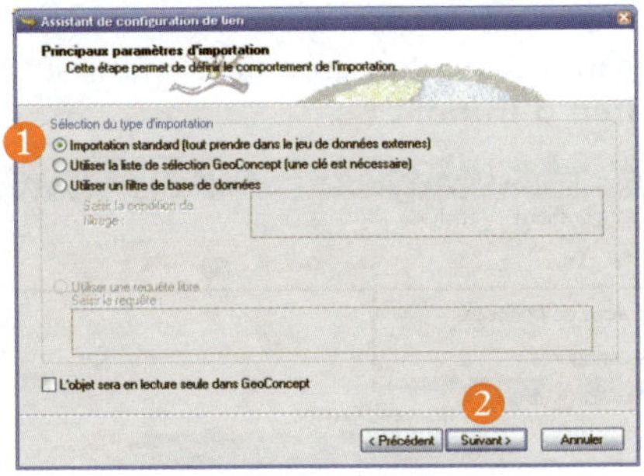

10. Dans la boîte de dialogue **Assistant de configuration de lien – Choisir une source de données externe** :

➤ Cliquez sur la connexion **Clients ACCESS** ① créée à l'étape 3, puis le bouton **Suivant** ②.
➤ Sélectionnez la table **Clients_tout** ③ dans laquelle se trouvent les clients à importer, puis cliquez sur le bouton **Suivant** ④.

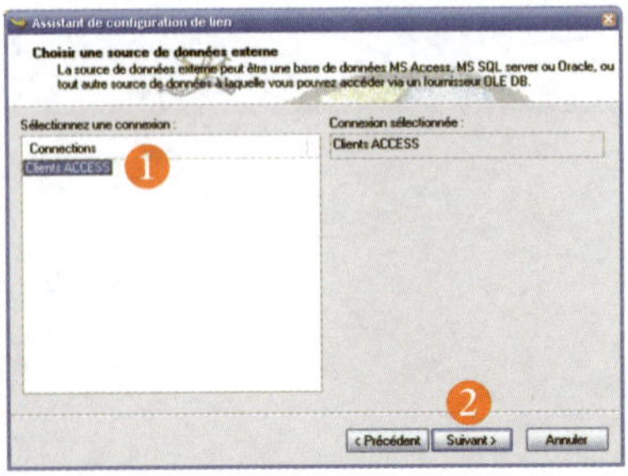

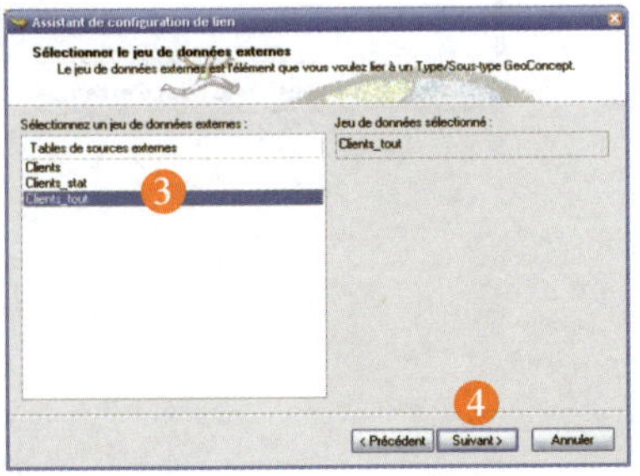

2 Configurer les données à importer

1. Dans la boîte de dialogue **Assistant de configuration de lien - Sélectionner le Type/Sous-type** :

- Nommez les **Type** et **Sous-type** à créer : **Clientèle** 1 et **Clients** 2.
- Spécifiez le genre graphique de l'objet. Puisqu'un client est généralement représenté par un point, cliquez sur l'icône **Ponctuel** 3.

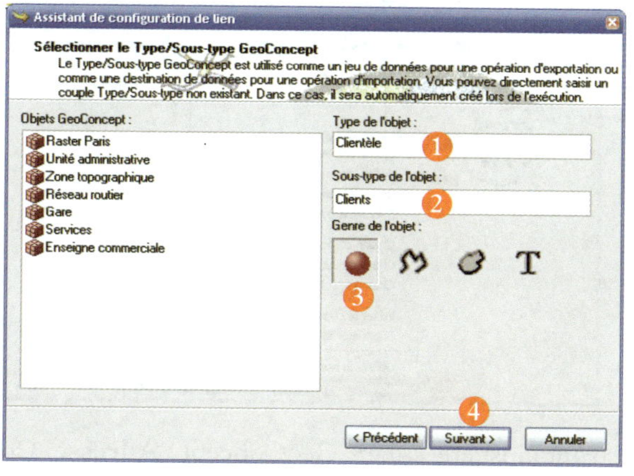

- Cliquez sur le bouton **Suivant** 4.

Astuces

La partie gauche de l'interface ci-dessus liste l'ensemble des Types et Sous-types existants de la carte. Si aucun ne convient à la création de l'objet en cours d'importation, créez un nouveau Type et Sous-type dans la partie droite et choisissez le genre graphique de l'objet créé.

2. La boîte de dialogue **Assistant de configuration de lien – Configurer le lien entre l'objet externe et l'objet GeoConcept** montre dans sa partie gauche les informations de la table externe et à droite les champs existants dans GeoConcept pour le Type et le Sous-type retenus. Il suffit de choisir dans la partie centrale à quels champs GeoConcept les informations externes vont être associées.

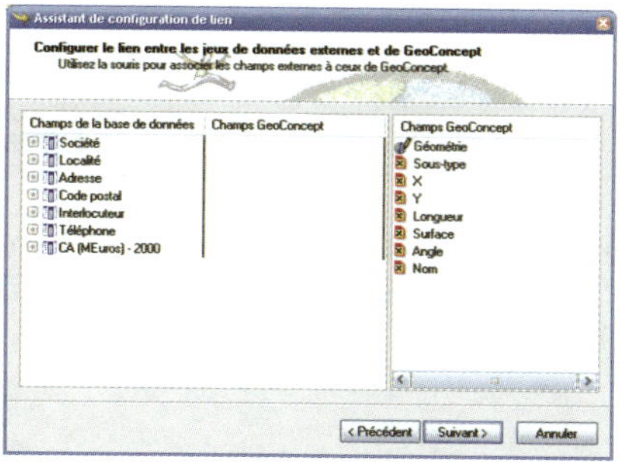

➤ En cliquant avec le bouton droit de la souris dans la partie **centrale** du dialogue ①, exécutez la commande **Utiliser tous les noms de champs externes** ② pour que GeoConcept crée autant de champs qu'il y en a sur la table externe. Ils sont nommés de la même façon que dans la table externe.

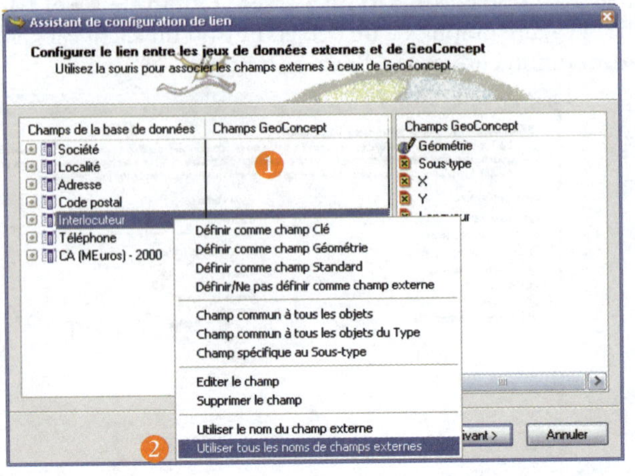

Six champs sont ainsi créés dans GeoConcept : **Adresse**, **Code postal**, **Interlocuteur**, **Localité**, **Société**, **Téléphone** et Chiffre d'affaires en millions d'euros en 2000 :

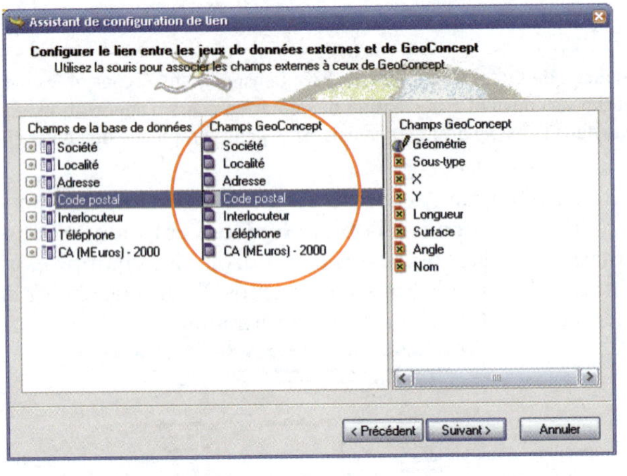

Afin que la barre d'état indique le nom de la société à chaque sélection d'un client, il est conseillé de mettre en relation l'information du champ **Société** avec le champ **Nom** de GeoConcept.

➤ Dans la partie droite du dialogue, sélectionnez le champ **Nom** ① et, par un **cliquer-glisser-déplacer**, affectez-le au champ **Société** ②. Dans la colonne centrale, le champ **Nom** ③ de la rubrique GeoConcept est rempli avec l'information de la rubrique externe **Société.**

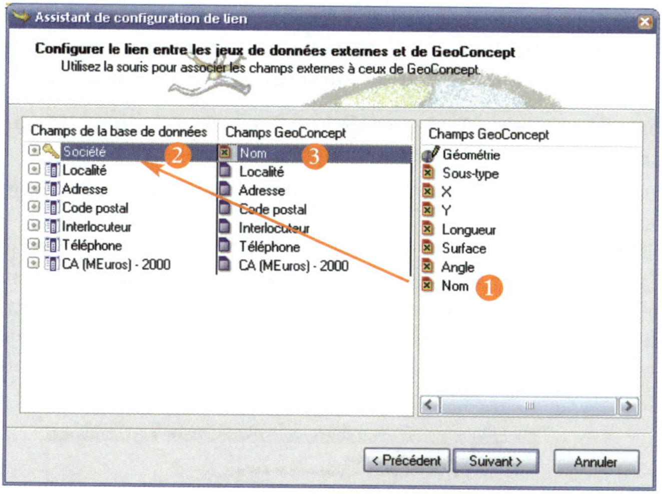

➤ Pour éviter les doublons dans la carte, créez un champ clé.
En cliquant avec le bouton **droit** de la souris sur le champ **Société**, exécutez la commande **Définir comme champ clé**. Cette action déclare ce champ comme clé dans la base externe au cas où plusieurs enregistrements porteraient la même valeur du champ **Société**.
➤ Cliquez sur le bouton **Suivant** pour continuer la configuration.

Astuces

Les doublons d'objets dans GeoConcept ne peuvent exister. Si plusieurs enregistrements portent la même clé, ils trouvent leur correspondance avec un seul objet dans GeoConcept, qui correspond au dernier enregistrement trouvé dans la base externe.

3. La boîte de dialogue **Assistant de configuration de lien – Configuration de la clé** demande de définir les propriétés de la clé. La propriété de la clé est automatiquement configurée en clé manuelle.

➤ Cliquez sur le bouton **Suivant** pour continuer le paramétrage de l'importation du fichier de clients et choisissez les coordonnées géographiques temporaires qui seront affectées aux objets ponctuels clients créés avant que le géocodage n'ajuste ces coordonnées en fonction de l'adresse (voir le chapitre suivant).

4. La boîte de dialogue **Assistant de configuration de lien – Paramètres avancés d'importation** présente trois onglets :

➤ Dans l'onglet **Créer** (1), autorisez la création d'objets en cochant la case correspondante (2).
➤ Attribuez la valeur X = 605 000 (3) et Y = 2 425 000 (4) pour qu'en fin d'importation, les objets créés soient situés au Sud-Est de l'espace de travail, en dehors des objets de la carte. Ces deux valeurs sont obtenues en positionnant le curseur au Sud-Est de la carte, dans une zone vierge d'objets. En déroulant le menu **Fenêtres / Coordonnées**, il suffit de relever et noter les coordonnées du curseur.

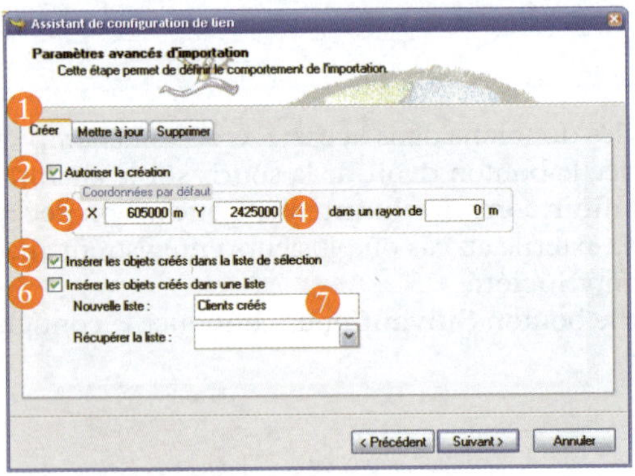

➤ Cochez les deux cases **Insérer les objets créés dans la liste de sélection** (5) et **Insérer les objets dans une liste** (6) dont on précise le nom **Clients créés** (7).

Astuces

La première liste permet de vérifier rapidement la parfaite adéquation entre le nombre d'enregistrements de la table **Clients** et les objets créés, la deuxième de travailler ultérieurement sur la collection d'objets sauvegardée.

➤ Basculez dans l'onglet **Mettre à jour** ① pour décocher la case **Autoriser la mise à jour** ②, puis dans l'onglet **Supprimer** ③ pour vous assurer qu'aucun objet ne sera détruit.

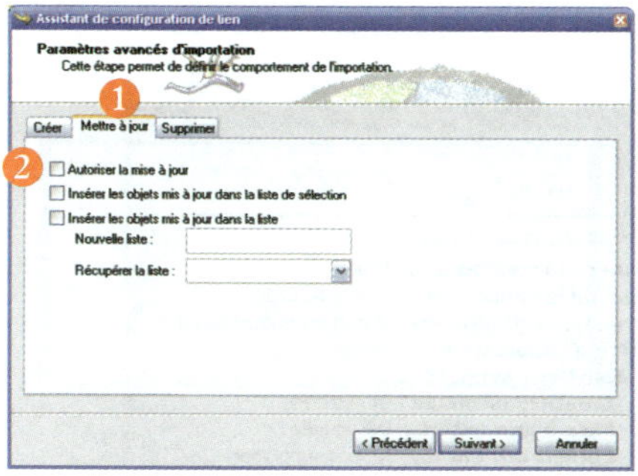

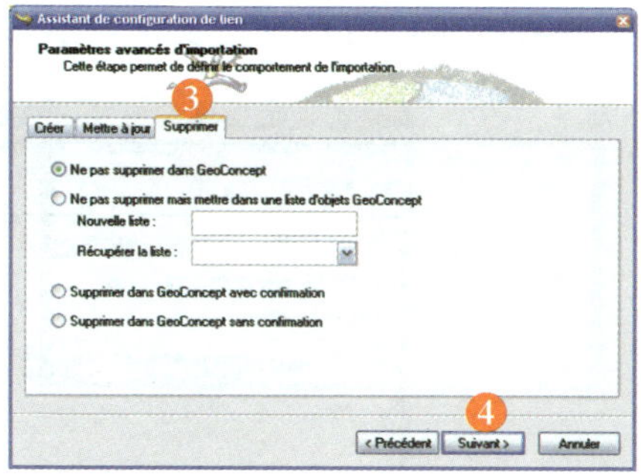

➤ Cliquez sur **Suivant** ④.

5. Dans la boîte de dialogue **Assistant de configuration de lien – Configuration de l'exécution** :

➤ Ne paramétrez aucun événement temporel puisque les informations sont importées à un instant t sans aucune fréquence de mise à jour.

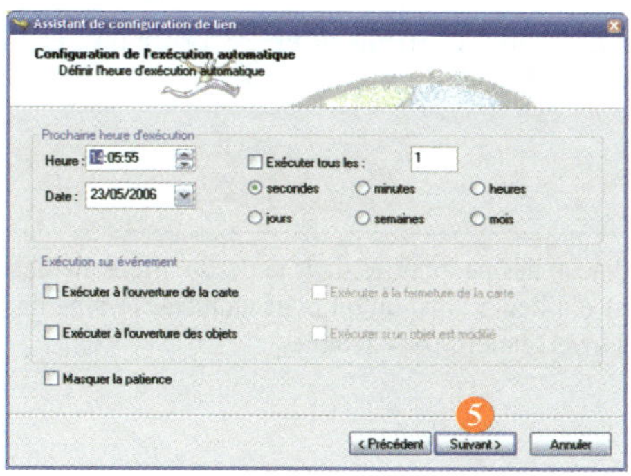

➤ Cliquez sur les boutons **Suivant** ⑤, puis **Terminer** pour visualiser la configuration d'import de la table des clients.

6. Dans la boîte de dialogue **Gestionnaire des données externes**, l'onglet **Configurations** contient la configuration précédemment paramétrée. L'icône prouve qu'il s'agit d'une configuration d'import.

➤ En cliquant sur **Import clients** ①, contrôlez dans la partie droite ② l'ensemble des paramètres afin de les modifier si nécessaire.

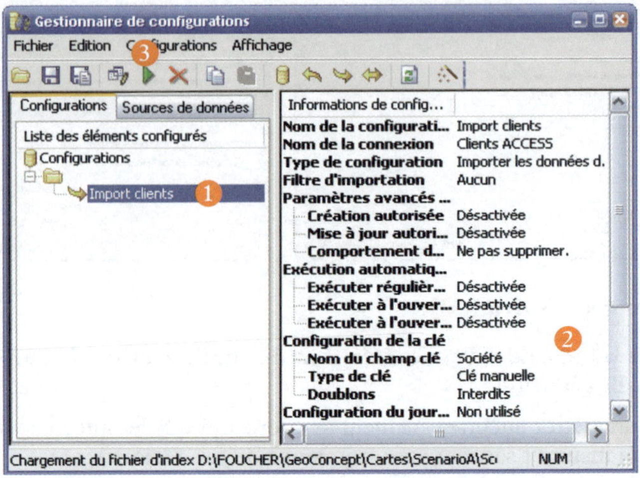

➤ Cliquez sur le bouton **Triangle vert** ③ pour lancer l'importation des objets ponctuels de la table des clients.

Astuces

Double-cliquez sur chacun des paramètres dans la partie droite du dialogue pour modifier si besoin les paramètres. C'est d'ailleurs ainsi qu'on peut modifier le type de configuration : changer un import en export ou inversement, par exemple.

3 Visualiser l'importation

1. En fin d'importation, les 45 objets clients issus de la table **Clients** sont importés à la même coordonnée X et Y. Sur la carte, ils sont regroupés en un point visible dans le coin inférieur droit de l'écran ①.
Vérifiez que l'opération a été correctement effectuée.

2. Dans la **boîte à outils** :

- Cliquez sur le bouton **Liste** ②.
- Sélectionnez la liste nommée **Clients créés** ③, créée précédemment. Elle s'affiche alors ④ avec l'ensemble des champs associés.

Il reste maintenant à situer les clients sur la carte par rapport à leur adresse.

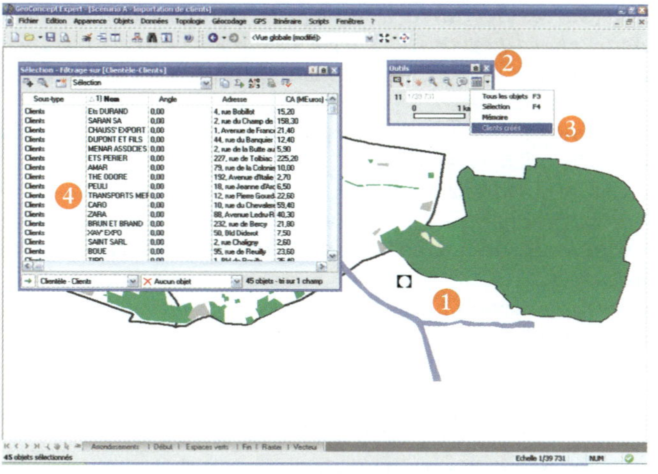

Astuces

Il est également possible de définir une nouvelle source de données, en effectuant simplement un **cliquer-glisser-déplacer** du fichier Access (en .mdb) à partir de l'explorateur Windows dans l'onglet **Sources de données** de la boîte de dialogue **Gestionnaire de configurations.** Le lien de connexion à la base externe est fait automatiquement et porte le nom du fichier Access (en .mdb) précédé du chemin indiquant le répertoire de stockage. Il suffit ensuite de se laisser guider dans le paramétrage des critères pour finaliser la configuration du lien à la base externe.

Si le test de connexion en cliquant sur le bouton du même nom est invalide, contactez l'administrateur du parc informatique pour une mise à jour des pilotes bases de données.

*Pour visualiser le résultat, ouvrez la carte **ScenarioA_chap1.gcm** dans le dossier **GeoConcept\Cartes\ScenarioA** avec l'onglet de visibilité **Fin** et la position **Vue globale**.*

2 Géocoder les clients importés

Géocoder (attribuer une coordonnée à un objet pour le positionner sur une carte) les clients importés précédemment selon deux modes : à l'arrondissement et à l'adresse.

Ouvrez la carte ***ScenarioA.gcm*** *disponible dans le dossier* ***Geo Concept\Cartes\ScenarioA,*** *sur laquelle vous avez déjà effectué les applications du chapitre précédent et activez l'onglet de visibilité* ***Fin*** *et la position* ***Vue globale.***
Si vous n'avez pas réalisé les applications du chapitre 1, ouvrez directement la carte ***ScenarioA_chap1.gcm.***
Les clients importés dans le chapitre précédent vont être géocodés selon deux modes :
– le géocodage à l'arrondissement ;
– le géocodage à l'adresse.
Pour effectuer ces opérations, utilisez les deux fichiers de géocodage qui sont disponibles dans le répertoire ***GeoConcept\Cartes\ScenarioA\Coding****. Ils portent l'extension .gcg.*
Paris_arr.gcg *servira pour la localisation des objets* ***Clients*** *aux centroïdes des arrondissements.*
Paris.gcg *sera utile pour la localisation des objets* ***Clients*** *à l'adresse.*

1 Géocoder à l'intérieur d'une surface

Pour positionner les **clients** au **code postal** de l'arrondissement, il faut mettre en correspondance le champ **Code postal** qui se trouve dans le fichier des coordonnées des centroïdes des arrondissements de Paris **Paris_arr.gcg** et dans le fichier des clients **Clients.mdb.**

1. À partir du menu **Géocodage** :

➤ Lancez la commande **Configuration géocodage au centroïde**.

2. Dans la boîte de dialogue **Configuration du géocodage au centroïde** :

➤ Cliquez sur le bouton **Choisir** ①. Indiquez le chemin du fichier de géocodage **Paris_arr.gcg**.
➤ Spécifiez les objets à géocoder. À l'aide de la liste déroulante, affectez **Clientèle** au **Type** ② et **Clients** au **Sous-type** ③.
➤ Attribuez le champ **Localité** à la clé **Localité** ④ et le champ **Code postal** à la clé **Code postal** ⑤. La stratégie de géocodage retenue est le **Code postal**.
➤ Activez le radio-bouton ⑥ correspondant dans la partie droite du dialogue.
➤ Cliquez sur le bouton **OK** ⑦ pour valider et sauvegarder la configuration.

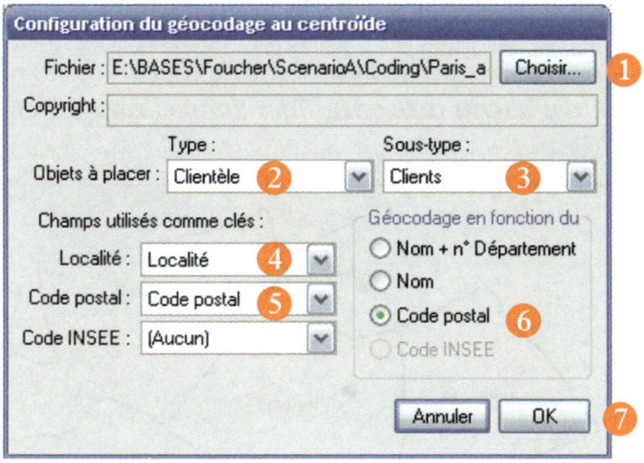

➤ Sélectionnez les clients à géocoder.
➤ Dans le menu **Données**, sélectionnez la commande **Chercher**. La boîte de dialogue **Requêtes** apparaît.

3. Dans la boîte de dialogue **Requêtes** :

➤ Choisissez les objets du Type et Sous-type **Clientèle-Clients** ①.
➤ Cliquez sur le bouton **Ajouter** ② puis sur le bouton **Exécuter** ③. La **barre d'état** de GeoConcept signale 45 objets sélectionnés.

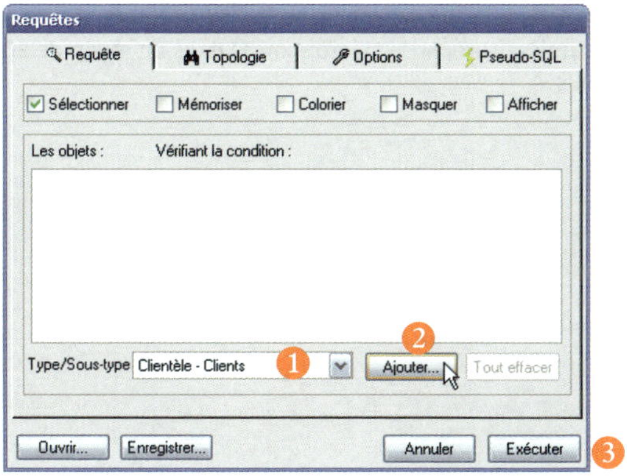

4. Dans le menu **Géocodage** :

➤ Sélectionnez la commande **Géocoder la sélection** ; les clients se positionnent sur les arrondissements.

Astuces

N'oubliez pas de cliquer sur le bouton **Tout effacer** dans la boîte de dialogue **Requêtes**, pour effacer les requêtes préalablement rédigées et exécutées.

Vérifiez que les options de géocodage à l'adresse sont bien inactives ! Dans le menu **Géocodage** sélectionnez la commande **Configuration géocodage à l'adresse** et cochez l'option **Inactif**.

Les 45 clients sont tous positionnés au centre de chacun des arrondissements de la carte. La superposition des clients aux centroïdes donne l'impression que seuls quatre clients sont visibles à l'écran !

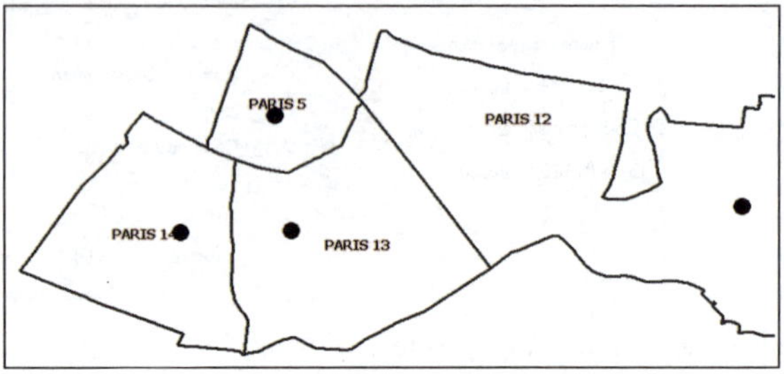

Astuces

Pour éviter la superposition des clients aux centroïdes des arrondissements, utilisez la commande **Options** dans le menu **Géocodage.** Cochez l'option **Positionnement aléatoire dans un rayon de** et tapez la valeur **200.** Puis sélectionnez les clients (voir étape 3) et géocodez la sélection (voir étape 4). Les 45 clients apparaissent répartis aléatoirement dans un rayon de 200 m autour des centroïdes des arrondissements.

2 GÉOCODER À L'ADRESSE

Le géocodage à l'adresse permet le positionnement exact de chacun des clients en fonction de leur adresse. Il consiste à interpréter le champ **Adresse** des clients importés et de calculer la coordonnée **X** et **Y** en fonction du tronçon porteur.

*Le fichier de géocodage **Paris.gcg,** disponible dans le répertoire **Geo Concept\Cartes\ScenarioA\Coding,** contient l'ensemble de toutes les voies des quatre arrondissements de la carte. Il s'appuie sur différents champs présents sur les tronçons des rues de la carte : le nom de la voie et les quatre champs de bornage début et fin, pair et impair de chaque tronçon de voie en y associant une coordonnée X et Y, selon le numéro de l'adresse à positionner. Il est automatiquement chargé à partir du moment où le géocodage au centroïde a été préalablement paramétré.*

1. Dans le menu **Géocodage** :

➤ Sélectionnez **Configuration géocodage à l'adresse**.

2. Dans la boîte de dialogue **Configuration du géocodage adresses** :

➤ Activez le radio-bouton **Rues** (1).
➤ Cochez le radio-bouton **Champ adresse unique** (2).
➤ À l'aide de la liste déroulante, affectez-lui le champ **Adresse** (3) des objets **Clients**. C'est ce champ qui permet le géocodage. Validez en cliquant sur le bouton **OK** (4).

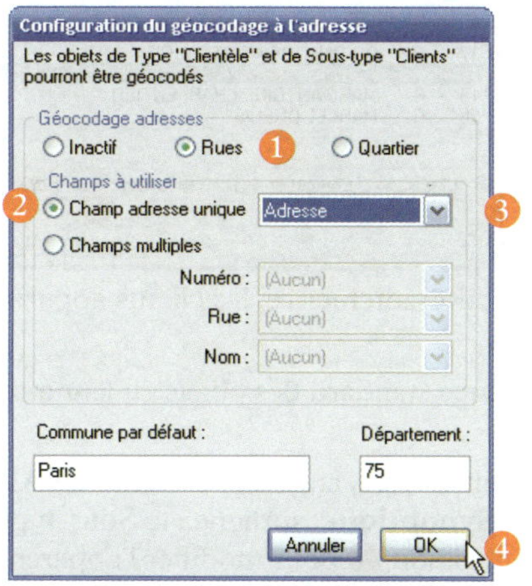

➤ Géocodez l'ensemble des 45 objets **Clients** à leur adresse exacte en sélectionnant l'ensemble des objets comme fait précédemment à l'aide d'une requête (voir étape 3, page précédente) et en lançant la commande **Géocoder la sélection du menu Géocodage** (étape 4).

➤ Corrigez de façon interactive les quelques adresses qui sont en erreur à l'aide des différentes suggestions proposées.

3. À l'issue du géocodage automatique, un dialogue **Traitement des erreurs de géocodage** propose de corriger de façon interactive les erreurs d'orthographe, de nomenclature…
En haut de la boîte de dialogue ①, l'enregistrement erroné est affiché avec son adresse, son code postal et sa commune d'attribution. En bas du dialogue, différentes propositions sont faites ②, les plus approchantes par rapport à l'adresse.

➤ Sélectionnez la ligne de correction dans la liste.
➤ Cliquez sur le bouton **Choisir** ③ avant de cliquer sur le bouton **Suivant** ④ pour corriger l'adresse suivante ou encore double-cliquez directement sur l'adresse corrigée avant de cliquer sur Suivant.
➤ Cliquez sur le bouton **Fin** ⑤.

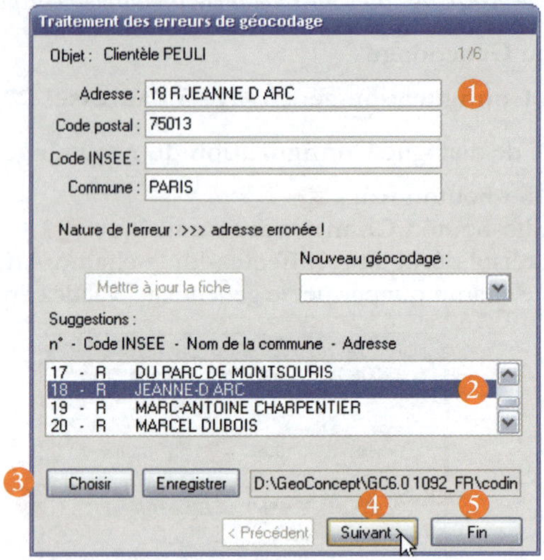

À l'issue de la correction interactive, les clients apparaissent positionnés sur l'ensemble du territoire.

➤ Modifiez l'apparence standard des objets en leur attribuant un symbole expressif.

➤ Dans le menu **Apparence**, lancez la commande **Affichage et visibilités**. Cliquez sur le bouton **Synoptique**, surlignez le Sous-type **Clients** ① et double-cliquez sur le premier caisson ② pour modifier l'apparence d'un cercle noir attribué par défaut. Dans la boîte de dialogue **Apparence d'un objet ponctuel**, déroulez la première liste pour choisir la bibliothèque **Personnages**, puis la seconde liste pour choisir un des symboles ③. Affectez la couleur marron et une taille de 18 ④. Valider par OK ⑤. Cliquez sur **Copier Apparence** ⑥ pour que les clients apparaissent de façon uniforme à toutes les échelles sur la carte, avant de valider par OK.

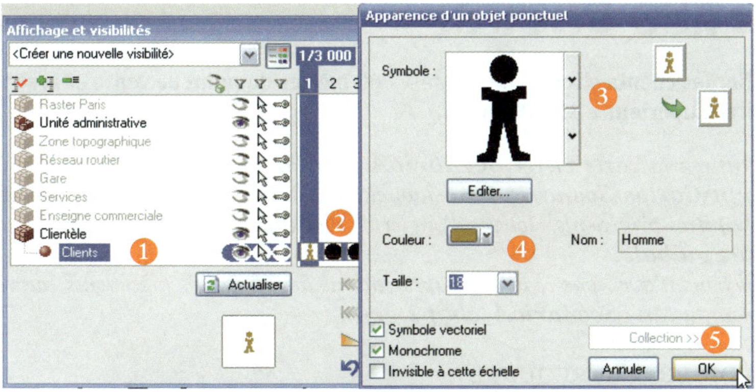

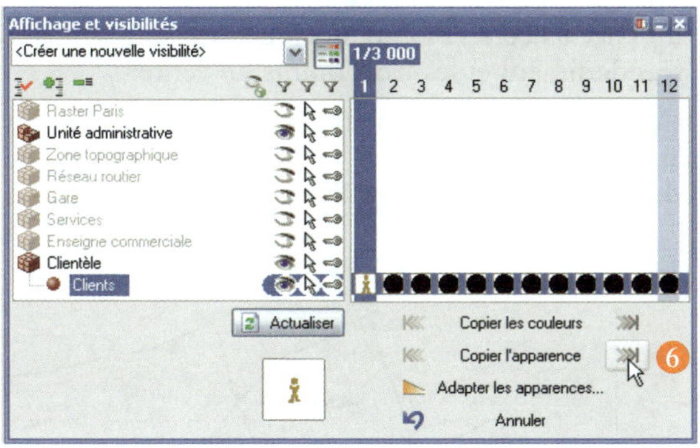

*Pour visualiser le résultat, ouvrez la carte **ScenarioA_chap2.gcm** disponible dans le dossier **GeoConcept\Cartes\ScenarioA**. Vérifiez que vous êtes bien dans l'onglet de visibilité **Fin**, avec la position **Vue globale**.*

3 Étudier la répartition des clients

Identifier les clients situés à moins de 1 000 mètres du point de vente et ayant un chiffre d'affaires supérieur à 15 000 euros.

*Ouvrez la carte vierge **ScenarioA.gcm** disponible dans le dossier **GeoConcept\Cartes\ScenarioA**, sur laquelle vous avez déjà effectué les applications des chapitres précédents. Activez l'onglet de visibilité **Arrondissements** et la position **Vue globale**.*
*Si vous n'avez pas réalisé les applications des chapitres précédents, ouvrez directement la carte **ScenarioA_chap2.gcm**.*

1 Rédiger une requête

1. La carte affichée à l'écran montre quelques arrondissements de Paris, les clients importés précédemment et les trois points de vente.

➤ Avec le curseur représentant une flèche ❶, pointez le **point de vente 1** (symbole circulaire orange et noir), placé au centre du XIIIe arrondissement de Paris.
➤ Le **point de vente 1** est sélectionné. Sa représentation apparaît en **vidéo inverse** ❷.

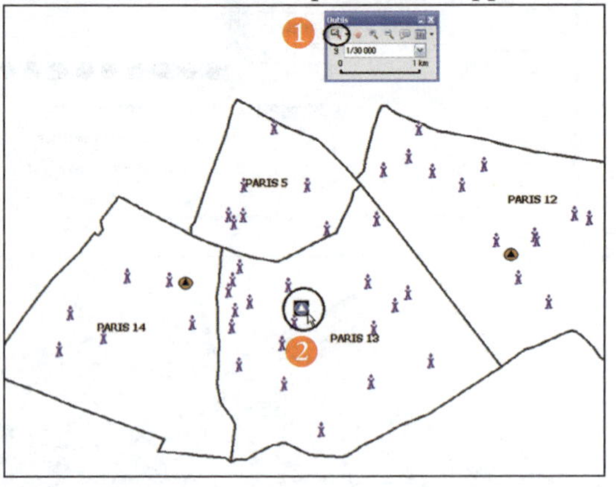

2. Dans le menu **Données** :

➤ Sélectionnez la commande **Chercher.**

3. Dans la boîte de dialogue **Requêtes** :

➤ Rédigez la recherche des clients selon deux critères : **chiffre d'affaires supérieur à 15 000 euros** et **proximité de 1 km** par rapport au point de vente 1.

➤ Dans l'onglet **Requête,** déroulez la liste des Types pour sélectionner le **Type /Sous-type** retenu : **Clientèle > Clients** ①, puis cliquez sur le bouton **Ajouter** ②.

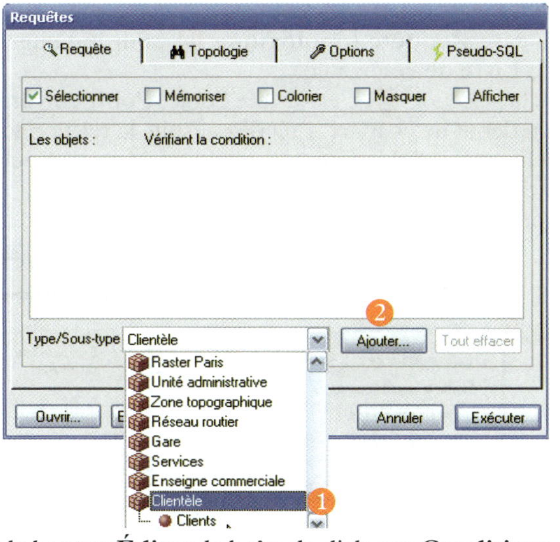

En cliquant sur le bouton **Éditer,** la boîte de dialogue **Conditions** demande d'affiner la recherche.
La première liste déroulante permet de choisir le champ sur lequel porte la recherche.

➤ Choisissez **CA (MEuros) – 2000** ①.
➤ Choisissez ensuite avec la deuxième liste l'opérateur **est supérieur à** ②.
➤ Enfin, dans la zone éditable, écrivez la valeur de la borne retenue : *15* ③.

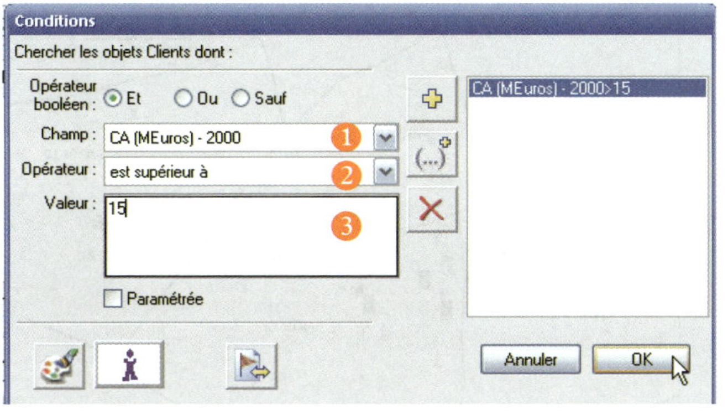

➤ Validez en cliquant sur le bouton **OK**.

2 Consulter le résultat de la requête

1. Basculez dans l'onglet **Topologie** ① pour écrire la deuxième condition composant la requête :

➤ Cochez la case **Requête topologique** ② pour indiquer, à l'aide de la liste déroulante, la **Liste de référence**.
➤ Choisissez la sélection ③, c'est-à-dire l'objet **Point de vente 1** préalablement sélectionné en début de chapitre. Précisez ensuite la relation topologique qui relie les clients recherchés à l'objet point de vente sélectionné. Cochez le radio-bouton **à moins de** en indiquant la valeur de proximité : **1 km** ④.
➤ Cliquez enfin sur le bouton **Exécuter** ⑤ pour connaître le résultat.

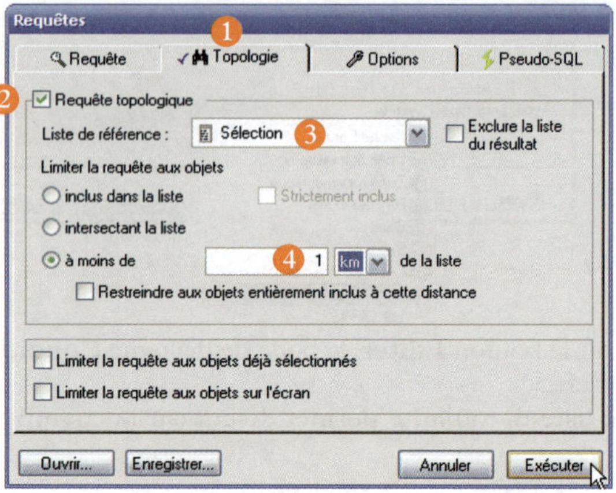

2. Sur la carte, quatre clients apparaissent en vidéo inverse.

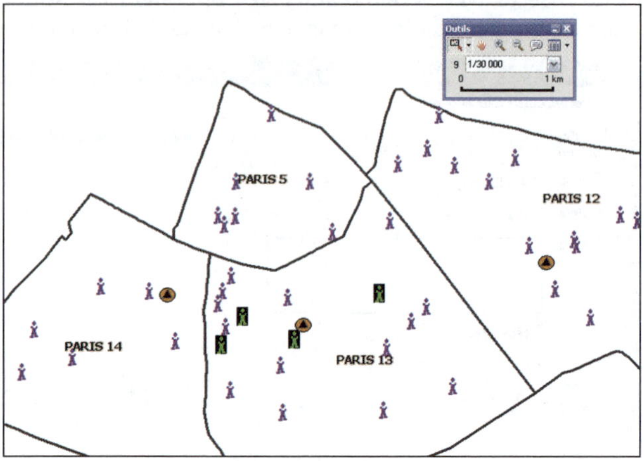

3. Après avoir situé géographiquement les objets résultants, il est possible de présenter le résultat de la requête sous forme de tableau :

➤ Cliquez sur le bouton **Listes d'objets** dans la **boîte à Outils** ① pour visualiser sous forme de tableau les informations associées aux objets trouvés par la requête.
La liste de sélection s'ouvre présentant les quatre clients retenus. Le chiffre d'affaires réalisé par chacun d'eux est proposé.
➤ Cliquez sur le libellé du champ **CA** ② pour le faire apparaître en gras. On peut alors trier la liste à l'aide du bouton ③.
➤ Cliquez sur la flèche (triangle) ④ située devant le libellé du champ pour trier la liste dans l'ordre croissant ou décroissant de ce champ.

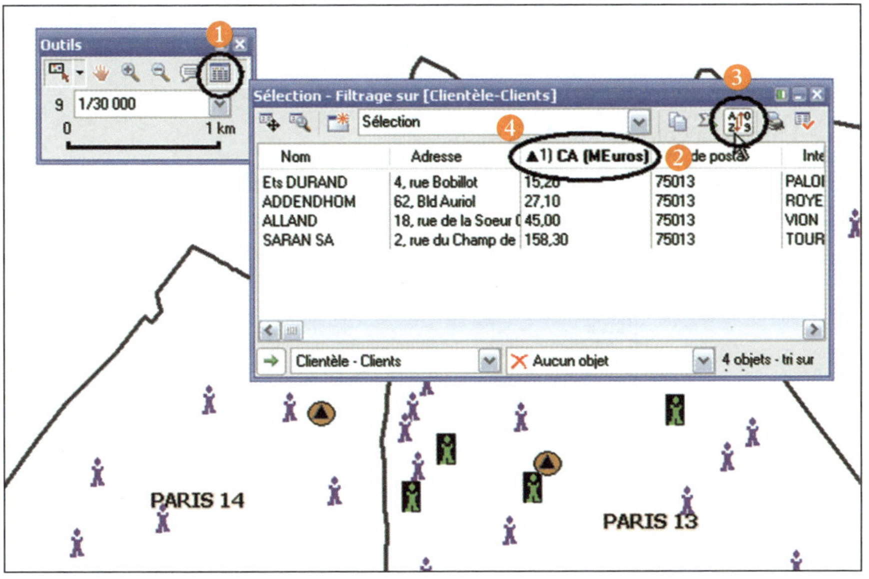

C'est le client Saran SA qui réalise le plus fort chiffre d'affaires dans un rayon de 1 000 mètres autour du point de vente 1 avec 158 300 euros.

Pour visualiser le résultat, ouvrez la carte ***ScénarioA_chap3.gcm*** *dans le dossier* ***GeoConcept\Cartes\ScenarioA****. Activez l'onglet de visibilité* ***Début et Fin*** *et la position* ***Vue globale****.*

4 Cartographier le taux de pénétration des clients

Calculer pour chacun des clients le taux de pénétration et montrer par un dégradé de couleur l'importance du taux sur chacun des arrondissements de la zone d'étude.

*Ouvrez la carte vierge **ScenarioA.gcm** sur le répertoire **GeoConcept\Cartes\ScenarioA** avec l'onglet de visibilité **Début** et la position **Vue gobale**.*
*Si vous n'avez pas réalisé les applications des chapitres précédents, ouvrez directement la carte **ScenarioA_chap3.gcm**.*

1 Compter le nombre de clients

La carte affichée à l'écran doit montrer les arrondissements, les clients importés précédemment, les trois points de vente.

1. À partir du menu **Apparence** :

➤ Lancez la commande **Affichage**.

2. Dans la boîte de dialogue **Ordre d'affichage et visibilité** qui apparaît 1 :

➤ Ouvrez l'œil des différentes couches du Type **Unité administrative** sauf celle du Sous-type **Commune** et ouvrez l'œil de l'intégralité du Type **Clientèle**.

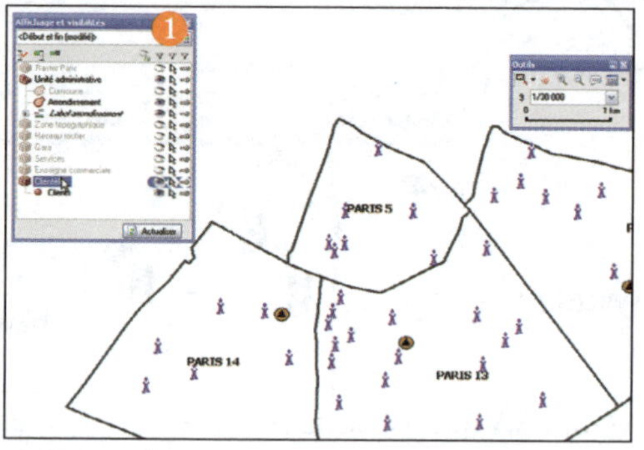

Il faut ensuite créer et enregistrer une requête topologique qui compte le nombre de clients inclus dans un arrondissement.

3. Avec l'outil **Flèche** de la boîte à **Outils** :

➤ Sélectionnez d'abord un arrondissement. Cliquez à l'écran à l'intérieur d'un arrondissement. La barre d'état indique le nom de l'objet **Arrondissement** sélectionné.

4. Dans le menu **Données** :

➤ Déroulez la commande **Chercher**.

5. Dans la fenêtre **Requêtes** :

➤ Dans l'onglet **Requête**, cliquez sur le bouton **Tout effacer** pour nettoyer l'éditeur de requêtes.
➤ À partir de la liste déroulante des **Types**, choisissez le Type **Clientèle**, puis cliquez sur le bouton **Ajouter**.
➤ Basculez dans l'onglet **Topologie** ①, cochez la case **Requête topologique** ② en vous assurant que la **liste de référence** est la sélection ③ (l'arrondissement préalablement sélectionné sur la carte) et enfoncez le radio-bouton **inclus dans la liste** ④.

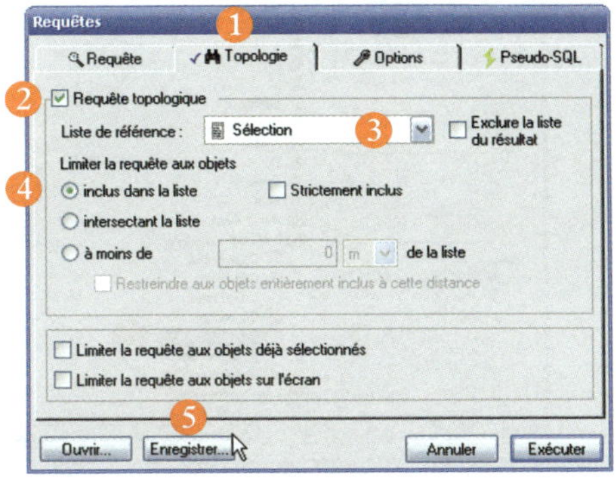

➤ Cliquez sur le bouton **Enregistrer** ⑤ pour sauvegarder la requête.
➤ Sauvegardez la requête sous le nom **Clients dans sélection**, puis enregistrez. Cliquez enfin sur le bouton **Exécuter**.

Les clients inclus dans l'arrondissement sont maintenant sélectionnés. La barre d'état indique leur nombre.

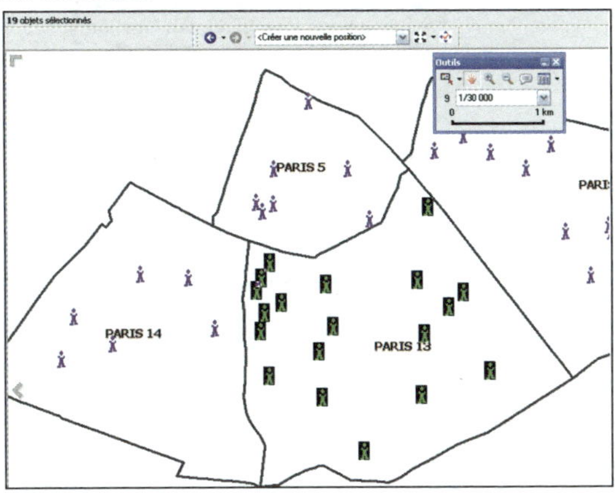

Il faut alors ajouter un champ formule sur les objets **Arrondissements**.

6. À partir du menu **Données**, ouvrez le **Configurateur** :

➤ Dans l'onglet **Champs** ①, déroulez l'arborescence à gauche pour placer le curseur sur le Sous-type **Arrondissement** du Type **Unité administrative** ② et cliquez sur le bouton **Nouveau champ** ③ pour ouvrir la boîte de dialogue **Nouveau champ**.

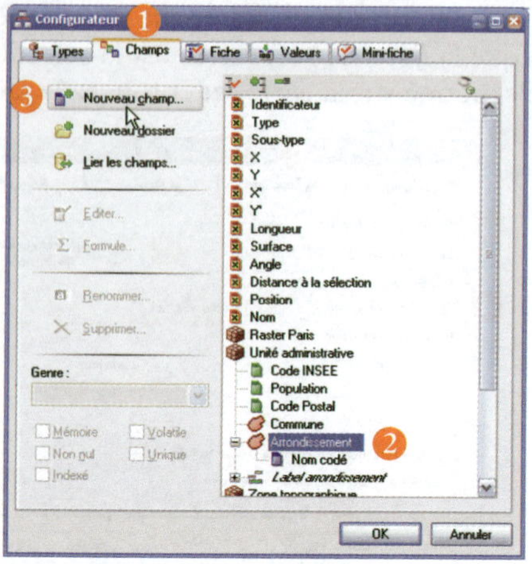

7. Dans la boîte de dialogue **Nouveau champ** :

➤ Tapez au clavier le nom du champ *NB clients* ①.
➤ Choisissez le genre du champ **Entier** à l'aide de la liste déroulante ②.
➤ Cliquez sur le bouton **Ajouter** ③, puis **Fermer** ④.

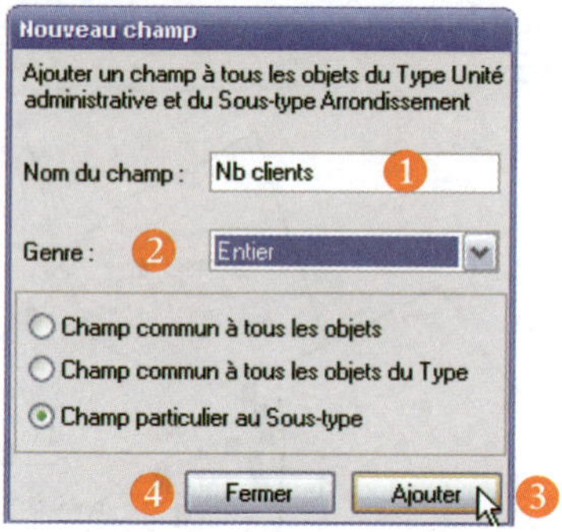

8. Dans l'onglet **Champs** (1) du **Configurateur** :

➤ Cliquez sur le bouton **Formule**.
➤ La boîte de dialogue pour rédiger la formule du champ apparaît (2). Ouvrez la famille **Statistiques** à l'aide du bouton **+** situé devant le libellé et double-cliquez sur la fonction **Compte** (3).
➤ Une nouvelle boîte de dialogue apparaît (4) demandant de choisir sur quels objets va porter la formule. Il est impossible de spécifier le Type d'objets (5). En revanche, au critère **Sélectionnés par** (6), choisissez la requête préalablement enregistrée **Clients dans sélection** pour retenir les clients inclus dans chaque arrondissement.
➤ Sortez du dialogue et du configurateur en cliquant sur **OK**.

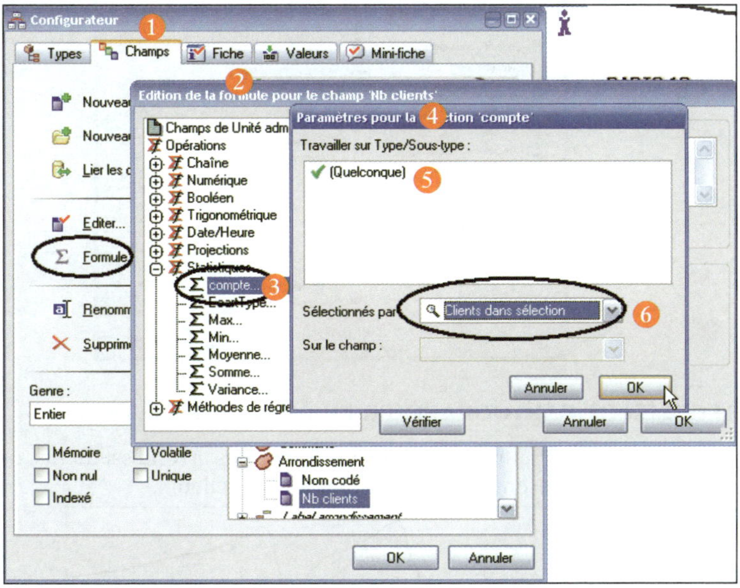

Il faut maintenant vérifier, par la mini-fiche, que le champ est bien renseigné, et indiquer le nombre de clients du XIIIe arrondissement.

9. Dans la boîte à **Outils** :

➤ Double-cliquez sur le bouton mini-fiche (1).

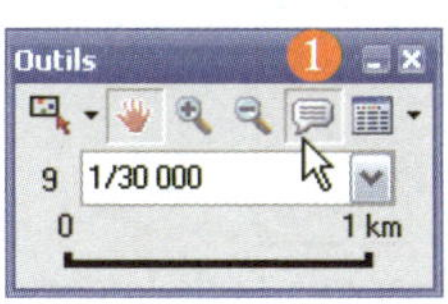

10. Vous accédez au **Configurateur** :

L'arborescence placée à gauche permet d'ouvrir l'œil des différents champs que l'on souhaite montrer dans la mini-fiche.

➤ Fermez l'œil de tous les champs sauf celui des champs **Nom** et **NB clients** ②.

➤ Cochez l'option **Activer les mini-fiches** ③ avant de sortir du dialogue.

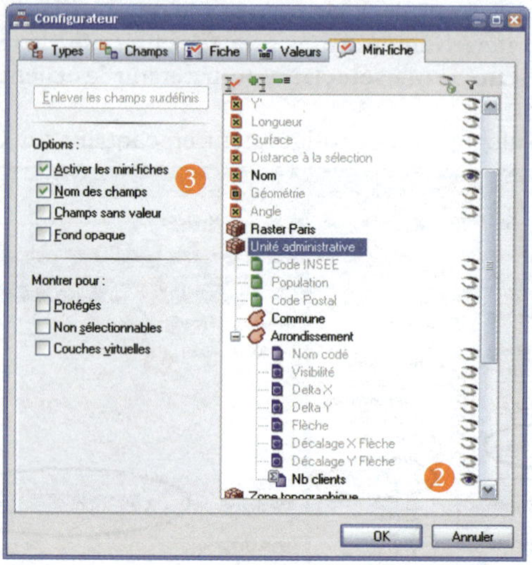

2 Calculer et cartographier le taux de pénétration

En promenant le curseur sur la carte au-dessus des arrondissements, on constate que le XIIIe arrondissement de Paris contient 19 clients.

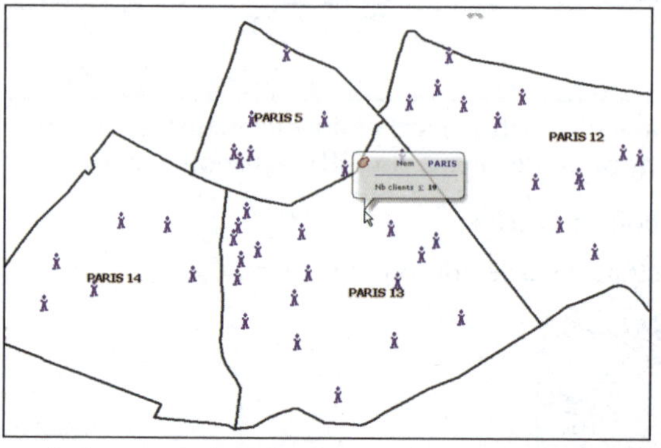

Puisqu'on dispose de la population de chacun des arrondissements de la carte, on peut calculer un nouveau champ qui est le ratio entre le champ **NB clients** et le champ **Population**. Il s'agit du taux de pénétration.

Il faut maintenant créer un nouveau champ associé aux objets du Sous-type **Arrondissement** (Type **Unité administrative**) qui s'appellera **Tx de pénétration** (comme fait à l'étape 4).

1. Dans le menu **Données**, ouvrez le **Configurateur** :

➤ Dans l'onglet **Champs**, après avoir surligné le Sous-type **Arrondissement**, cliquez sur le bouton **Nouveau champ**.
➤ Nommez-le **Tx de pénétration** en spécifiant le genre **Réel**.
➤ Cliquez sur **Ajouter**, puis **Fermer**.
➤ Cliquez sur le bouton **Formule.**

2. Dans la fenêtre **Edition de la formule**, qui apparaît alors :

➤ Double-cliquez, en haut de l'arborescence à gauche, sur **Champs d'Unité administrative** pour dérouler la liste des champs associés aux arrondissements,
➤ Double-cliquez sur le champ **NB clients**, calculé dans le chapitre précédent.
➤ Tapez au clavier la barre de division (/), double-cliquez sur le champ **Population**, tapez au clavier le signe de multiplication (*) et ajoutez 100 000.

La formule affichée dans la partie droite du dialogue est la suivante :
|NB clients|/|Population|*100 000 (100 000 est un coefficient multiplicateur simplifiant ainsi la formule).

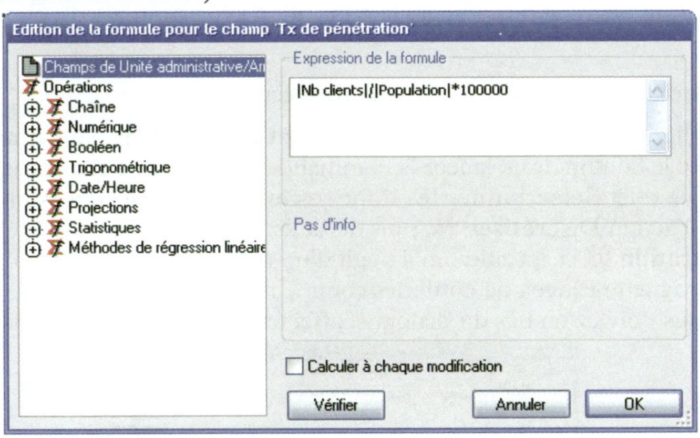

Il faut désormais vérifier le fonctionnement du champ en ouvrant la fiche d'information d'un arrondissement.

3. Sur la carte :

➤ Double-cliquez sur un arrondissement pour ouvrir la fiche d'information.
➤ Consultez la valeur du champ et cliquez sur le bouton **Annuler** ou **OK** pour sortir de la fiche.

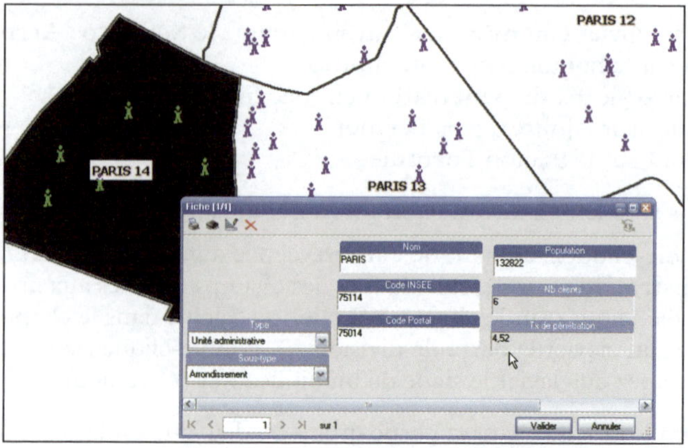

Il faut encore créer la couche virtuelle de genre **Plages de couleurs**, qui visualise par un dégradé de couleurs la répartition géographique du taux de pénétration.

4. Dans la boîte **Affichage** (menu **Apparence**) :

➤ Surlignez le Sous-type **Arrondissement** du Type **Unité administrative**.
➤ Avec le bouton droit, lancez la commande **Ajouter une thématique**. Dans le premier volet **Sélectionner les données et le mode de représentation**, choisissez l'action **Discrétiser** 1, puis déroulez la liste pour choisir le champ **Tx de pénétration** 2 et spécifiez qu'il s'agit d'un taux 3. Dans la partie droite, cliquez sur la vignette **Plages de couleurs** comme mode de représentation recommandé 4. Vous pouvez en bas du dialogue, affecter un nom à la couche virtuelle 5.

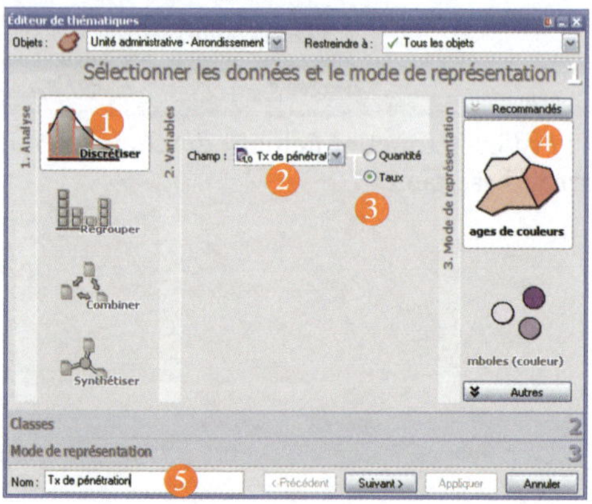

5. Basculez dans l'onglet de définition des classes pour effectuer un découpage en classes.

➤ Conservez la méthode des quantiles ❶ mais modifiez le nombre de classes à 3 ❷. Les bornes de classes sont matérialisées par des tiretés gris que vous pouvez déplacer manuellement ou en cliquant avec le bouton droit de la souris ❸ pour changer la valeur. Fixez la première borne à 6 et la seconde à 10.

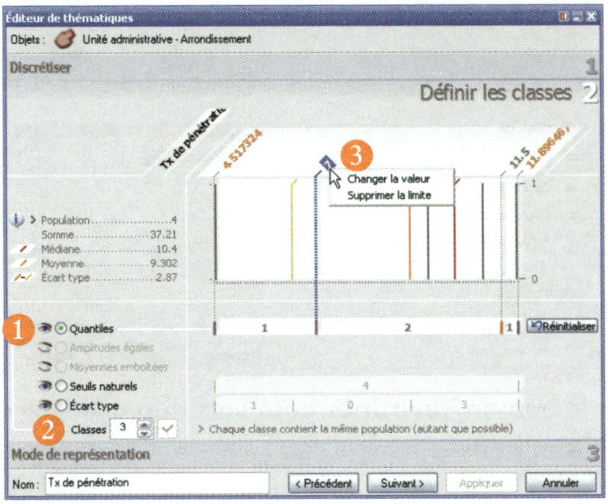

6. Créez le dégradé de couleurs dans le troisième onglet.

➤ Le diagramme montre les trois classes définies auparavant en affectant des couleurs et en indiquant le nombre d'objets dans chaque classe. Il convient de les modifier pour affiner le dégradé en cliquant sur le bouton à droite ❶ pour choisir l'option dégradé ❷.

➤ Déroulez la palette des couleurs, et appliquez la couleur la plus pâle pour définir la classe aux plus faibles valeurs ❸. Répétez l'opération pour représenter la classe aux plus fortes valeurs par la couleur la plus foncée ❹.

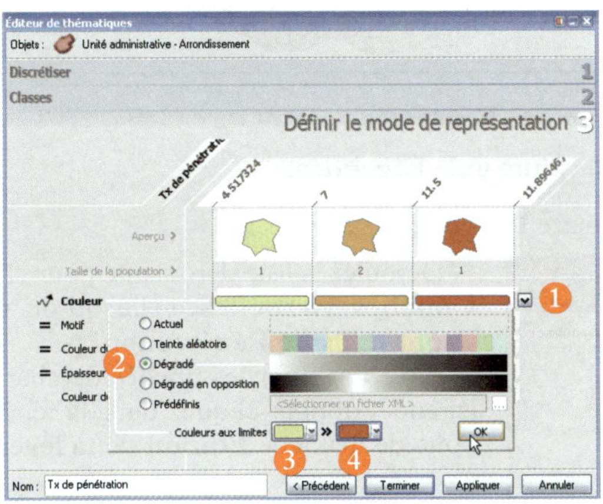

7. Après avoir validé le dégradé, vous pouvez modifier les autres variables visuelles constituant le dégradé de couleurs : le motif, la couleur de fond, l'épaisseur du contour et la couleur du contour ①.

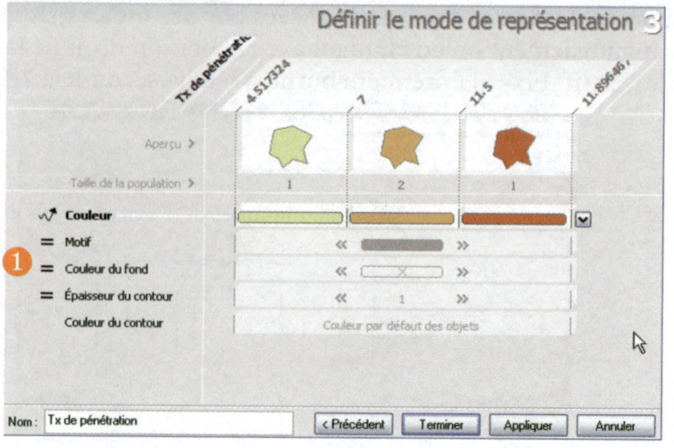

➤ Cliquez sur le bouton **Terminer** pour sortir du dialogue et constater la représentation cartographique.

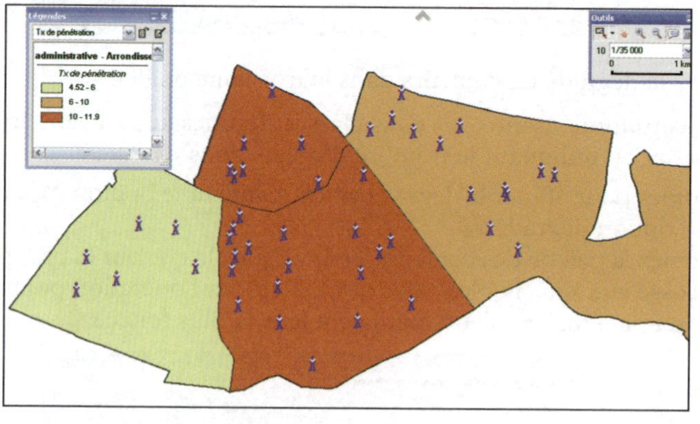

8. À partir du menu **Fenêtres** :

➤ Exécutez la commande **Légendes**.

9. Dans la fenêtre **Légendes** :

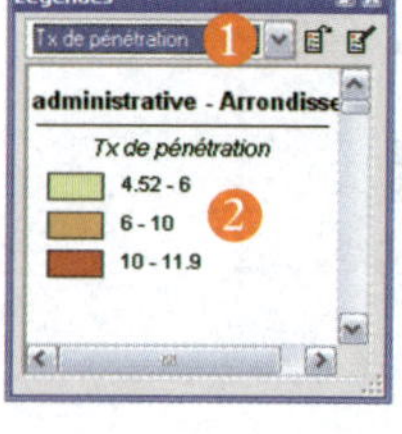

➤ Déroulez la liste déroulante pour choisir, dans la famille **Couches virtuelles**, celle qu'on vient de créer, qui s'appelle **Tx de Pénétration** ①.

➤ Pour modifier les libellés de chacun des caissons de légende, double-cliquez dans la fenêtre flottante ②. La boîte de dialogue **Edition de la légende** apparaît.

10. Dans la fenêtre **Edition de la légende** :

➤ Dans la partie droite, surlignez le texte qui devient éditable.

➤ Dans la partie gauche, modifiez la police, la couleur, la graisse ou rendez-la invisible.

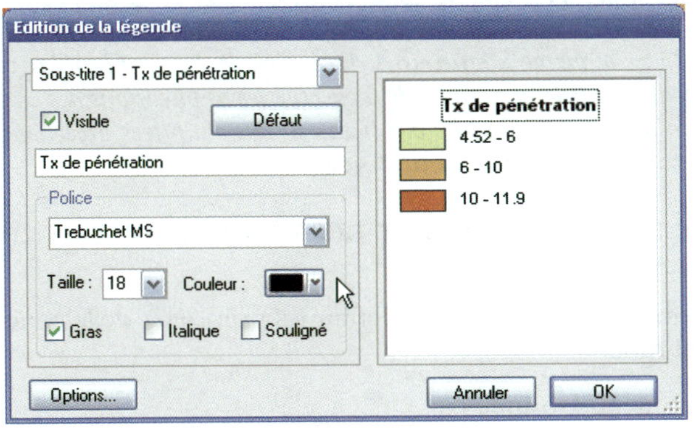

Pour visualiser le résultat, ouvrez la carte ***ScenarioA_chap4.gcm*** *dans le dossier* ***GeoConcept\Cartes\ScenarioA.*** *Activez l'onglet de visibilité* ***Fin*** *et la position* ***Vue globale.***

5 Créer des zones de chalandise

Dans un premier temps, générer et visualiser une zone de chalandise théorique de 1 000 mètres autour de trois points de vente. Ensuite, à partir d'un graphe routier, calculer deux zones isochrone, la première selon la distance et la seconde selon le temps.

*Ouvrez la carte vierge **ScenarioA.gcm** dans le dossier **GeoConcept\Cartes\ScenarioA** sur laquelle vous avez déjà effectué les applications des chapitres précédents. Si vous n'avez pas réalisé les applications des chapitres précédents, ouvrez directement la carte **ScenarioA_chap4.gcm.***

1 DÉFINIR LES PROPRIÉTÉS DE REPRÉSENTATION DES ZONES DE CHALANDISE

Cette première étape consiste à définir les propriétés de la zone tampon et de la zone isochrone.

1. Dans le menu **Données** :

➤ Lancez la commande **Configurateur**.

2. La boîte de dialogue **Configurateur** est ouverte. Dans l'onglet **Types** :

➤ Double-cliquez sur le Type **Enseigne commerciale**.
➤ Surlignez le Sous-type **Point de vente** (1).
➤ Cliquez sur le bouton **Nouveau Sous-type** (2) pour saisir le nom du nouveau Sous-type **Zone d'emprise** (3).
➤ Spécifiez ensuite le genre **Surfacique** (4) et cliquez sur le bouton **Ajouter** (5), puis le bouton **Fermer** (6).

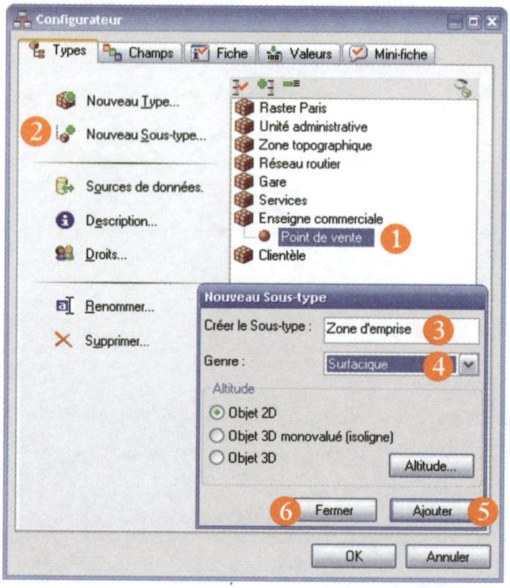

Le nouveau Sous-type apparaît alors dans l'arborescence et les douze caissons de représentation aux douze échelles numériques sont dessinés avec l'apparence définie par défaut, contour noir rempli de gris.

2 Générer les zones de chalandise à vol d'oiseau

Autour de chacun des trois points de vente, trois zones d'emprise théorique (zone tampon) vont être générées.

1. Dans le menu **Fenêtres** 1 :

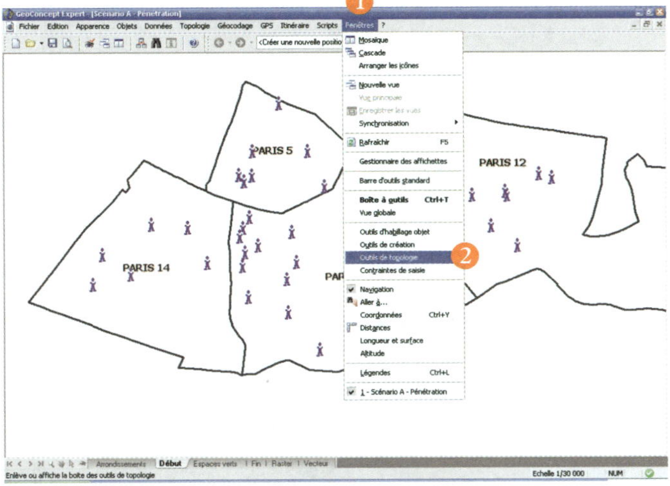

➤ Exécutez la commande **Outils de topologie** 2.

2. La boîte de dialogue **Outils de topologie** s'affiche :

➤ Choisissez, à l'aide de la liste déroulante, d'abord le Type **Enseigne commerciale**, puis le Sous-type **Zone d'emprise** 1.

➤ Sélectionnez les trois points de vente visuellement à l'écran en maintenant la touche **Maj** du clavier enfoncée pour ajouter un nouveau point de vente à la sélection, puis cliquez sur le bouton **Zone tampon** 2.

3. La boîte de dialogue **Création de zones tampons** s'ouvre. Elle est composée de deux onglets :

➤ Dans l'onglet **Tailles** 1, enfoncez le radio-bouton **Taille constante** 2 et affectez une zone de 1 km ou **1 000 m** 3. Dans les options, vérifiez bien que la case **Créer une zone tampon par objet** est cochée 4 et cliquez sur le bouton **OK** 5.

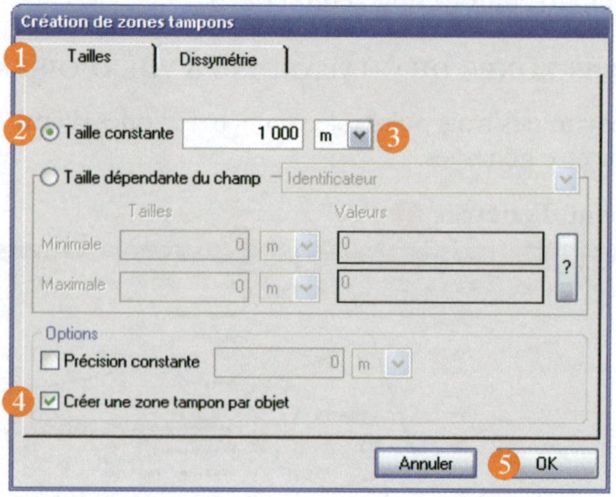

La carte apparaît alors à l'écran enrichie de trois nouveaux objets polygones, représentant des zones tampon dessinées à 1 km autour de chacun des points de vente.

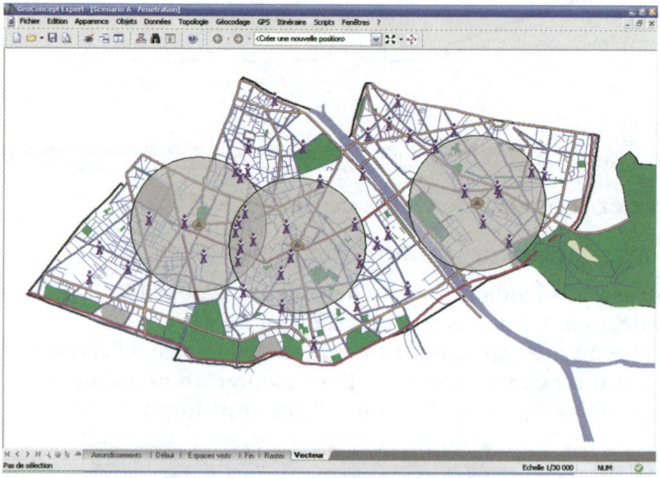

On constate un chevauchement des zones de chalandises théoriques entre les deux points de vente de l'ouest et du centre.

Pour compléter l'étude, il convient désormais de générer des zones isochrones autour des points de vente qui tiennent compte du graphe routier et des vitesses attribuées aux différents types de routes empruntées.

Ces zones s'appuient sur un graphe routier en tenant compte des différentes vitesses attribuées aux types de routes empruntées.

3 CRÉER UN GRAPHE ROUTIER

Cette étape génère un graphe de connectivité de l'ensemble des éléments routiers de la carte. Il est indispensable à toute étude qui utilise le réseau routier comme support de propagation de l'information.

1. Dans le menu **Itinéraire :**

➤ Exécutez la commande **Créer le graphe**.

2. La boîte de dialogue **Créer le graphe** apparaît :
Dans la partie gauche ①, l'arborescence liste l'ensemble des Types et Sous-types linéaires qui peuvent constituer le graphe. Le Type **Réseau routier** est composé de douze Sous-types auxquels on attribue une vitesse moyenne de circulation.

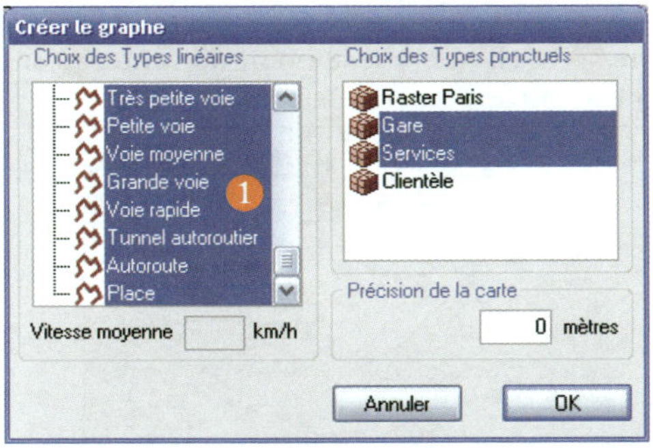

Cette boîte de dialogue est une interface commune au calcul d'itinéraire (voir chapitre 7 - **Calculer un itinéraire entre points de vente et clients**). Ne tenez pas compte pour l'instant des éléments dans la partie droite du dialogue.

➤ Saisissez pour chaque type de voie les vitesses suivantes :
– Autoroute = 35 km/h ;
– Tunnel autoroutier = 35 km/h ;
– Voie rapide = 25 km/h ;
– Grande voie = 20 km/h ;
– Voie moyenne = 10 km/h ;
– Petite voie = 5 km/h ;
– Très petite voie = 2 km/h.
Sur les autres types de voies, on ne circule pas. Attribuez une vitesse de 0 km/h.
➤ Activez la création du graphe en appuyant sur le bouton **OK**.

3. La boîte de dialogue **Demande de confirmation** apparaît.

➤ Appuyez sur le bouton **OK** pour confirmer la création du graphe.

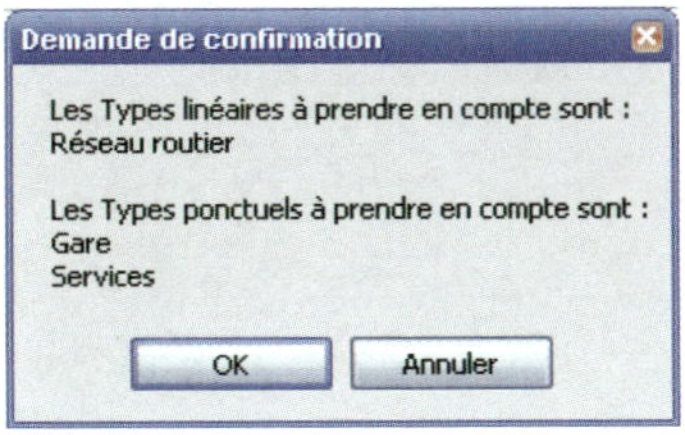

4. Dans la boîte de dialogue **GeoConcept** :

➤ Appuyez sur le bouton **OK**

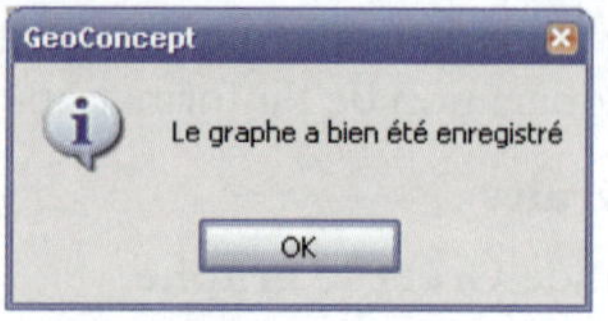

4 Générer une zone isochrone selon la mesure de la distance

1. Dans la boîte à **Outils** :

➤ Choisissez l'**Outil de sélection** ① et cliquez sur le point de vente ② situé à l'ouest de la carte à partir duquel l'isochrone va être calculé.

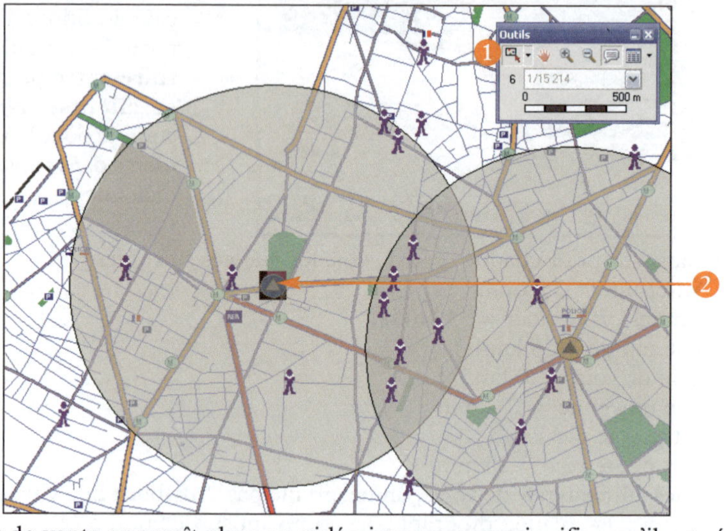

Le point de vente apparaît alors en vidéo inverse pour signifier qu'il est sélectionné.

2. Dans le menu **Itinéraire** :

➤ Exécutez la commande **Calculer un isochrone**.

3. La boîte de dialogue **Création des objets surfaciques** est proposée :

➤ Dans la partie gauche, sélectionnez le **Sous-type** pour définir la représentation de la zone de chalandise **Zone isochrone** ① en ayant pris soin dans le configurateur d'ajouter un Sous-type (appelé Zone isochrone) de genre surfacique au Type Enseigne commerciale et de lui avoir affecté un contour bleu et un intérieur transparent *via* le synoptique (menu **Apparence/Affichage et visibilité**/bouton **Synoptique**).

➤ Dans la partie droite, sélectionnez le radio-bouton **Selon la longueur du parcours** ② et indiquez un rayon du cercle de **1 000 mètres** ou 1 kilomètre ③, pour définir l'emprise de la zone de chalandise isochrone. Pour créer la zone de chalandise, appuyez sur le bouton **OK** ④.

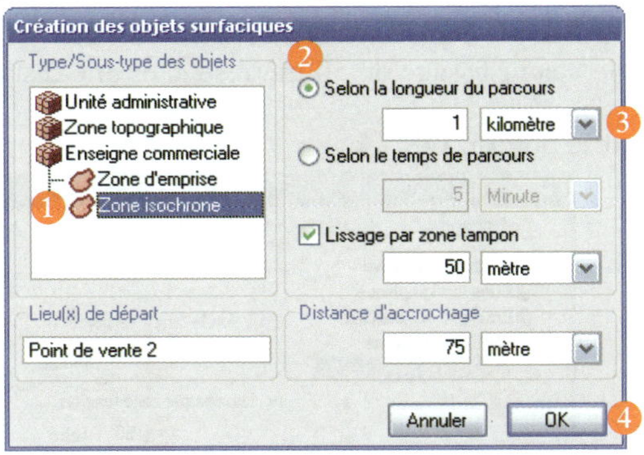

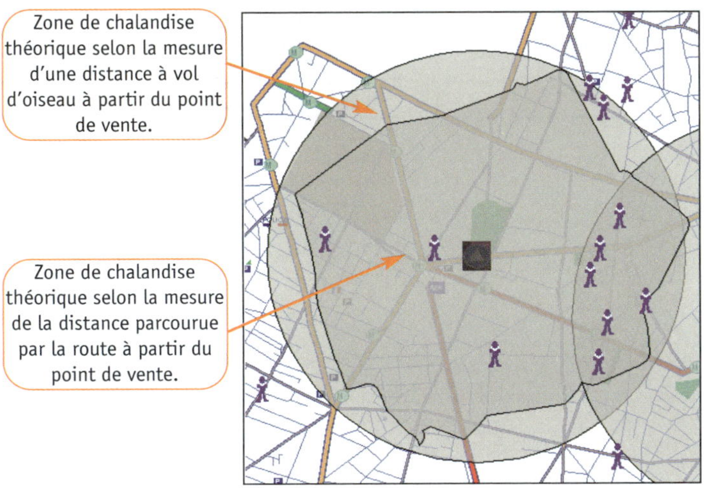

5 Générer une zone isochrone selon la mesure du temps

Sélectionner le point de vente selon la méthode décrite à l'étape précédente.

1. Dans le menu **Itinéraire** :

➤ Exécutez la commande **Calculer un isochrone**.

2. La boîte de dialogue **Création des objets surfaciques** apparaît :

➤ Dans la partie gauche de la boîte de dialogue, sélectionnez le Sous-type avec lequel la zone de chalandise isochrone va être dessinée : **Zone isochrone** 1.
➤ Dans la partie droite, sélectionnez le radio-bouton **Selon le temps de parcours** 2.
➤ Indiquez la durée du déplacement : **2 minutes** 3.
➤ Indiquez une valeur lissage de 50 mètres 4 et une distance d'accrochage de 75 mètres 5.
➤ Appuyez sur le bouton **OK** 6.

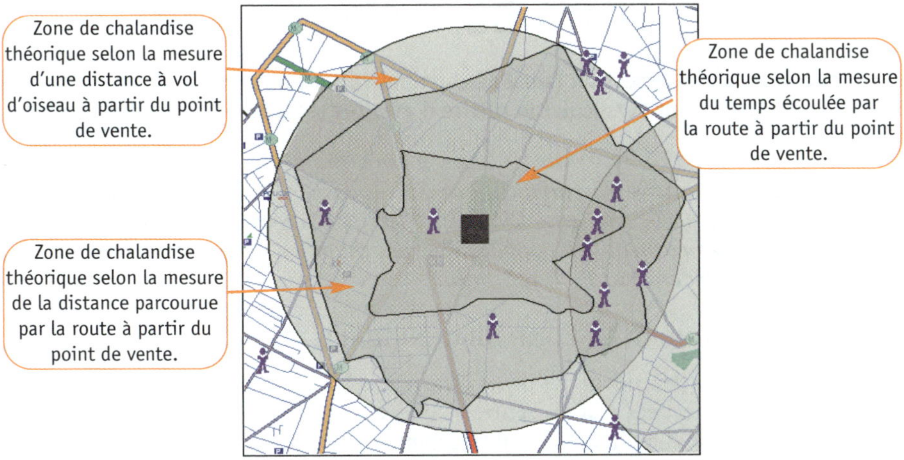

Pour visualiser le résultat, ouvrez la carte ***ScenarioA_chap5.gcm*** *dans le dossier* ***GeoConcept\Cartes\ScenarioA*** *avec l'onglet de visibilité* ***Fin*** *et la position* ***Vue globale****.*

6 Calculer le chiffre d'affaires d'une zone de cannibalisation

Déduire une zone d'intersection (zone de cannibalisation) entre deux zones de chalandise qui se chevauchent et calculer le chiffre d'affaires total des clients situés à l'intérieur.

*Ouvrez la carte vierge **ScenarioA.gcm** dans le dossier **GeoConcept\Cartes\ScenarioA** sur laquelle vous avez déjà effectué les applications des chapitres précédents. Si vous n'avez pas réalisé les applications des chapitres précédents, ouvrez directement la carte **ScenarioA_chap5.gcm.***

1 Définir et créer la zone de cannibalisation

Dans le chapitre précédent, les deux zones de chalandise théoriques entre le point de vente de l'ouest et celui du centre se chevauchent. Il devient maintenant utile d'étudier la zone d'intersection, communément appelée zone de cannibalisation, et d'en isoler les clients pour calculer le chiffre d'affaires potentiel de cette nouvelle zone.
Procéder de la même façon qu'au chapitre précédent (paragraphe **Définir les propriétés de représentation des zones de chalandise** – étapes 1 et 2).

1. Dans le menu **Données** :

➤ Exécutez la commande **Configurateur**.

2. La boîte de dialogue **Configurateur** s'affiche :

➤ Dans l'onglet **Types,** double-cliquez sur le Type **Enseigne commerciale**.
➤ Surlignez le Sous-type **Zone d'emprise**.
➤ Cliquez sur le bouton **Nouveau Sous-type** pour indiquer le nom du nouveau Sous-type : **Zone cannibale**.
➤ Spécifiez ensuite le genre **Surfacique** et cliquez sur le bouton **Ajouter**, puis sur le bouton **Fermer**.

En cliquant sur le bouton **Description**, le nouveau Sous-type apparaît dans l'arborescence et les douze caissons de représentation aux douze échelles numériques sont dessinés avec l'apparence définie par défaut, contour noir rempli de gris.

➤ Modifiez l'apparence en double-cliquant sur le premier caisson.

3. Dans la **boîte d'apparence des polygones** :

➤ Choisissez un contour plus épais, de couleur verte.
➤ Sélectionnez le carré blanc au motif de l'intérieur du polygone.
➤ Choisissez la transparence comme couleur de fond afin que les objets sur la carte ne gênent pas la visibilité des objets placés dessous.
➤ Validez par **OK**. Le premier caisson est modifié.
➤ Cliquez sur le bouton **Copier apparence** pour que tous les caissons héritent de la même apparence et que les objets soient dessinés de la même façon, à toutes les échelles.
➤ Sortez du **Configurateur** en cliquant sur **OK.**

2 Créer la zone de cannibalisation

Il faut sélectionner visuellement les deux **zones de chalandise** sur la carte pour créer l'intersection.

1. Sur la carte :

➤ Cliquez sur une zone de chalandise 1. Si d'autres objets sont placés dessous, une fenêtre est systématiquement proposée 2 qui liste l'ensemble des objets trouvés à l'emplacement du clic souris.
➤ Surlignez l'objet **Zone d'emprise** qui représente la zone de chalandise 3 et cliquez sur **OK** 4.
➤ Appuyez sur la touche **Maj** (ou **Shift**) du clavier et cliquez sur la seconde **Zone de chalandise** 5. La fenêtre est à nouveau proposée 2. Sélectionnez le second objet **Zone d'emprise**.

2. Dans le menu **Fenêtres** :

➤ Exécutez la commande **Outils de topologie**.

3. La boîte de dialogue **Outils de topologie** apparaît :

➤ À l'aide de la liste déroulante 1, choisissez d'abord le Type **Enseigne commerciale,** puis le Sous-type **Zone cannibale**.

➤ Cliquez ensuite sur le bouton **Intersection de polygones** 2. La fenêtre correspondante 3 est affichée et demande de supprimer les originaux.

➤ Ne cochez pas la case pour conserver les deux zones d'emprise originales et validez 4.

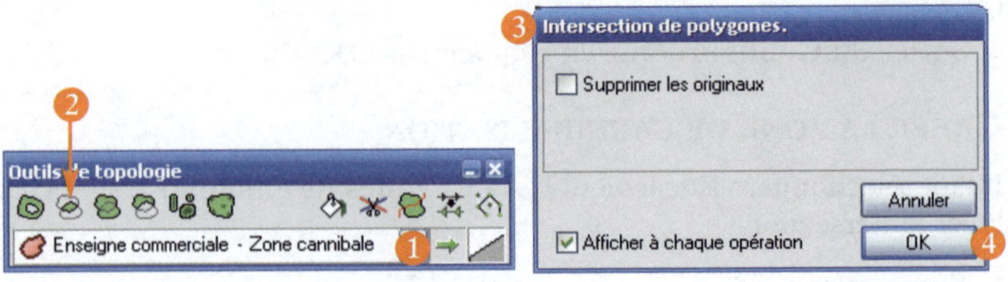

4. La zone de cannibalisation s'affiche :

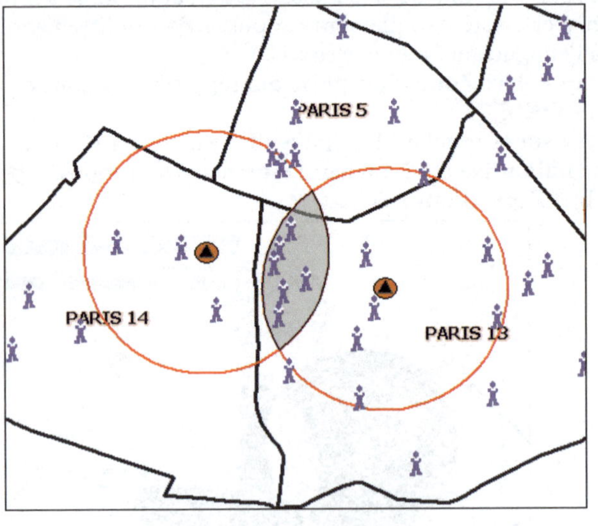

3 Calculer le chiffre d'affaires d'une zone géographique

Le chiffre d'affaires des clients situés à l'intérieur de la zone de cannibalisation va être calculé. Pour réaliser ce calcul, il faut ajouter un champ à l'objet **Zone de cannibalisation.** L'ajout du champ est fait dans le **Configurateur.**

1. Dans le menu **Données** :

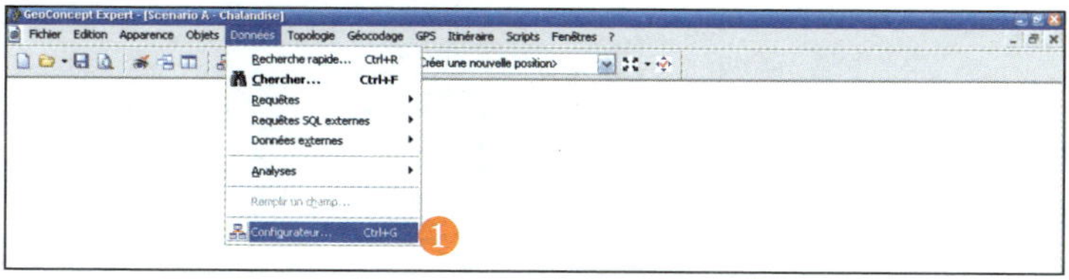

➤ Exécutez la commande **Configurateur** 1.

2. La boîte de dialogue **Configurateur** s'affiche. Dans l'onglet **Champs** :

➤ Déroulez l'arborescence 1, pour placer le curseur sur le Sous-type **Zone cannibale** 2 du Type **Enseigne commerciale** et cliquez sur le bouton **Nouveau champ** 3.
➤ Tapez au clavier le nom du nouveau champ : **CA cannibalisé** 4 et choisissez le genre **Réel** 5 à l'aide de la liste déroulante.
➤ Enfin cliquez sur le bouton **Ajouter** 6 puis **Fermer** 7.

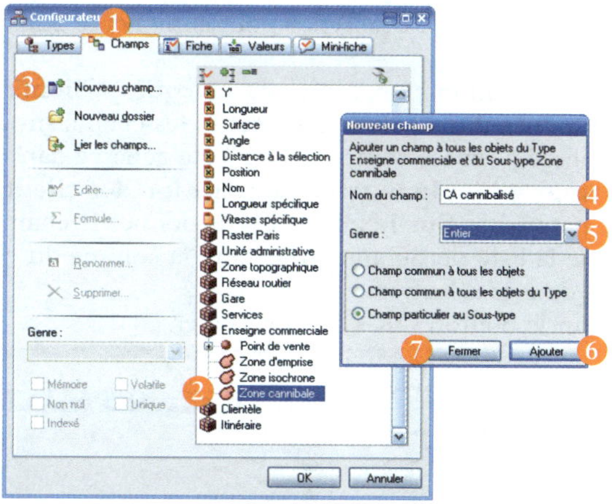

Le champ **CA Cannibalisé** est créé. On va lui associer une formule statistique pour calculer le chiffre d'affaires.

- Sélectionnez le champ **CA cannibalisé** ①.
- Cliquez sur le bouton **Formule** ②.

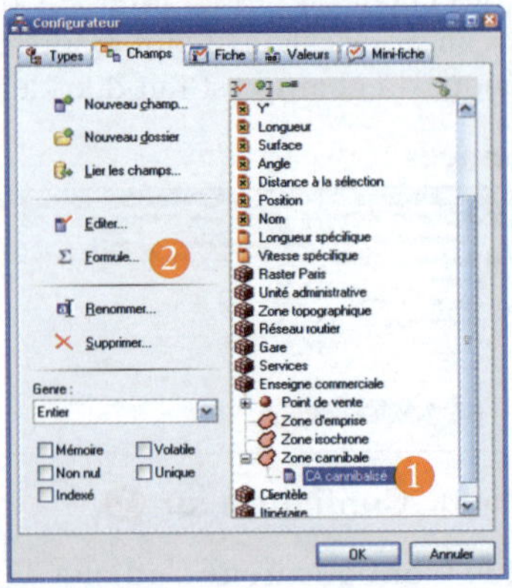

3. La boîte de dialogue **Edition de la formule pour le champ “CA cannibalisé”** apparaît afin de rédiger la formule du champ :

- Dans la partie gauche, ouvrez la famille **Statistiques** à l'aide du bouton **+** ① et double-cliquez sur la fonction **Somme** ②.

4. La boîte de dialogue **Paramètres pour la formule “Somme”** apparaît :

- Déroulez l'arborescence des **Types** pour surligner le Sous-type **Clients** ③ du Type **Clientèle.**
- Au filtre **Sélectionnés par**, choisissez la requête **Clients dans sélection** ④. La requête **Clients dans sélection** localise les clients situés à l'intérieur de la zone cannibalisée pour les compter. Elle a été générée dans le chapitre 4 - **Calculer et cartographier le taux de pénétration des clients**.
- Enfin, au paramètre **Sur le champ,** sélectionnez le champ **CA (MF) – 2000** ⑤, à l'aide de la liste déroulante pour faire la somme du chiffre d'affaires des clients inclus dans la sélection.
- Appuyez sur le bouton **OK** ⑥ pour valider.

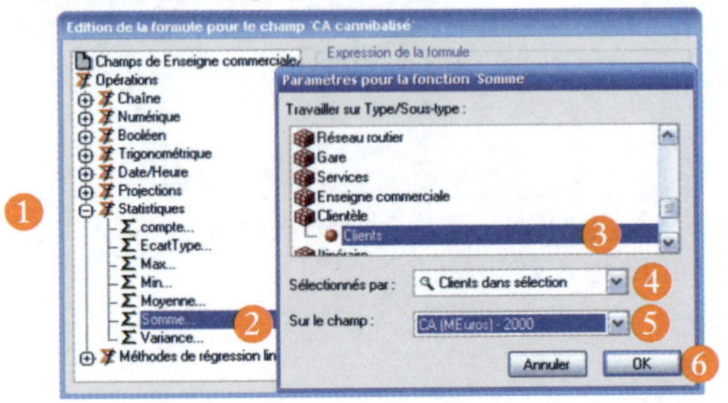

Il s'agit maintenant de visualiser le résultat *via* une mini-fiche qu'on paramètre dans le **Configurateur**.

4 Afficher les calculs sur la carte

Pour vérifier le calcul du chiffre d'affaires de la zone cannibalisée, une mini-fiche peut être paramétrée pour visualiser sur la carte la valeur du montant du chiffre d'affaires.

1. Dans la fenêtre **Configurateur,** onglet **Mini-fiche** :

- Déroulez l'arborescence des champs proposés dans la partie gauche ①.
- Ouvrez uniquement l'œil ② du champ **CA cannibalisé**.
- Validez ③.

2. Dans la boîte à **Outils** :

- Activez la **mini-fiche** ① et passez le curseur de la souris sur la zone cannibalisée. Une **info bulle** ② apparaît pour indiquer la valeur du chiffre d'affaires global.

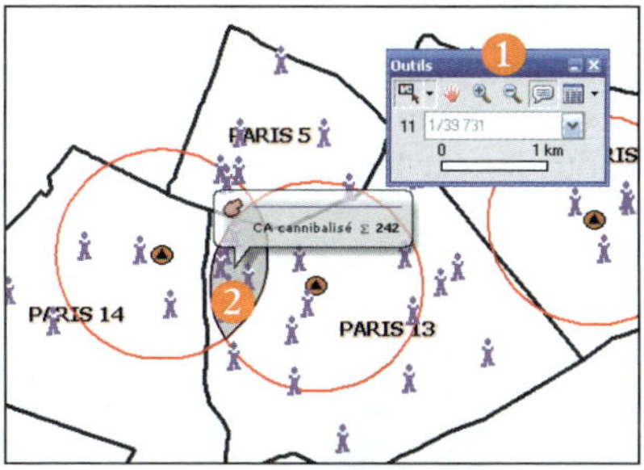

Le chiffre d'affaires de la zone cannibalisée concerne des clients mal identifiés et non fidélisés à un point de vente. Il est peut-être opportun de lancer une action sur ces clients, ou encore de déplacer le point de vente du XIVe arrondissement de Paris davantage vers l'ouest ou plus recentré sur l'arrondissement.

Pour visualiser le résultat, ouvrez la carte ***ScenarioA_chap6.gcm*** *dans le dossier* ***GeoConcept\Cartes\ScenarioA*** *avec l'onglet de visibilité* ***Fin*** *et la position* ***Vue globale****.*

7 Calculer un itinéraire

Visualiser l'itinéraire le plus rapide pour se rendre du point de vente 1 au point de vente 2, sachant que l'on souhaite rendre visite aux clients situés à moins de 1 km du point de vente 1 et qui ont réalisé un chiffre d'affaires inférieur à 8 millions d'euros en 2000.

Ouvrez la carte vierge ***ScenarioA.gcm*** *dans le dossier* ***GeoConcept\Cartes\ScenarioA*** *sur laquelle vous avez déjà effectué les applications des chapitres précédents. Si vous n'avez pas réalisé les applications des chapitres précédents, ouvrez directement la carte* ***ScenarioA_chap6.gcm****.*

1 CALCULER L'ITINÉRAIRE LE PLUS RAPIDE

Il faut vérifier les données du graphe calculées au chapitre 5.

1. Dans le menu **Itinéraire** :

➤ Lancez la commande **Créer le graphe**.
➤ Déroulez le Type **Réseau routier** pour vous assurer que les vitesses moyennes de circulation affectées à chacun des types de voies du réseau routier sont cohérentes ① : Piétonne, Escalier, Tunnel, Chemin = 0 km/h ; Très petite voie = 2 km/h ; Petite voie = 5 km/h ; Voie moyenne = 10 km/h ; Grande voie = 20 km/h ; Voie rapide = 25 km/h ; Tunnel autoroutier = 35 km/h ; Autoroute = 35 km/h ; Place = 5 km/h.
➤ Surlignez ensuite l'ensemble des Sous-types auxquels des vitesses ont été affectées. Ne prenez pas en compte les types de voies : **Piétonne**, **Escalier**, **Tunnel** et **Chemin**.
➤ Dans la partie droite du dialogue, retenez les deux Types d'objets ponctuels **Gare** et **Services** qui serviront d'éléments de repérage dans la feuille de route pour ponctuer l'itinéraire ②.
➤ Affectez une précision de carte à 0 mètre ou 1 mètre car l'intégralité des nœuds des tronçons de voies sont jointifs ③.
➤ Validez par **OK** pour lancer le calcul ou cliquez sur **Annuler** si aucun paramètre n'a été modifié.

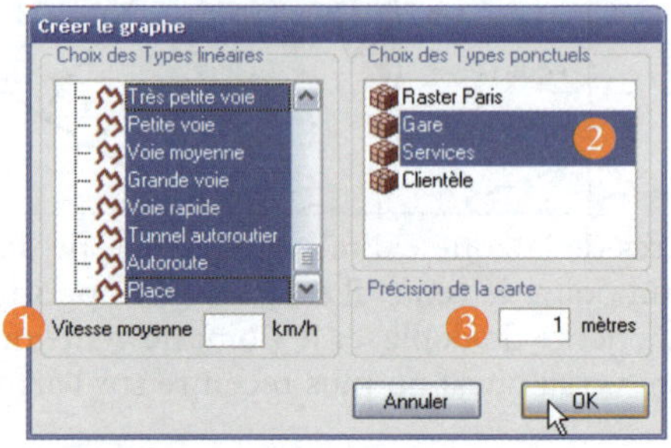

GeoConcept affiche un message signalant la génération du graphe.
Il faut maintenant sélectionner le point de départ.

2. Dans le menu **Fenêtres** :

➤ Ouvrez la boîte de **Navigation**.
➤ Affichez la position **Point de vente 1** en déroulant la liste des positions ❶.

3. Sur la carte :

➤ Sélectionnez le **Point de vente 1** ❷ en cliquant dessus avec l'outil **Flèche** de la boîte à **Outils** ❸.

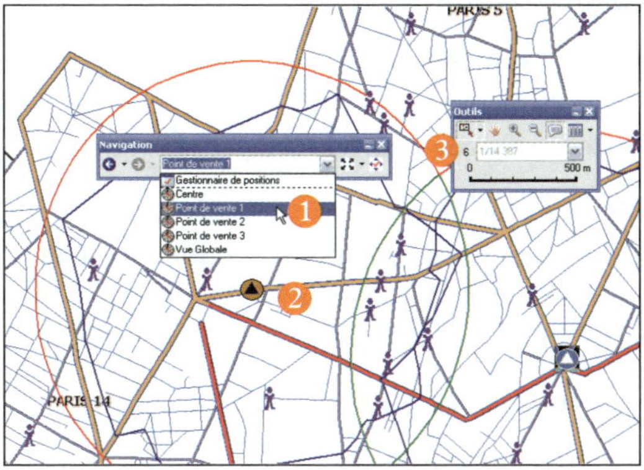

4. Dans le menu **Itinéraire :**

➤ Lancez la commande **Mémoriser départ / Par la sélection**.
Il faut également sélectionner le point d'arrivée.

5. Dans le menu **Fenêtres** :

➤ Ouvrez la boîte de **Navigation**.
➤ Affichez la position **Point de vente** 2 en déroulant la liste des positions.

6. Sur la carte :

➤ Sélectionnez le **Point de vente** 2 en cliquant dessus avec l'outil **Flèche** de la boîte à **Outils**.

7. Dans le menu **Itinéraire** :

➤ Lancez la commande **Mémoriser arrivée / Par la sélection**.

Ensuite, il reste à sélectionner les étapes qui sont représentées par les clients, situés à moins de 1 kilomètre du point de vente 1 et qui ont réalisé un chiffre d'affaires en 2000 inférieur à 8 millions d'euros. Il convient donc de rédiger une requête.

8. Sur la carte :

➤ Sélectionnez visuellement le **Point de vente 1** en cliquant dessus avec l'outil **Flèche** de la **boîte à Outils.**

9. Dans le menu **Données** :

➤ Lancez la commande **Chercher**.
➤ Cliquez sur **Tout effacer** avant de rédiger la requête.

10. Dans le menu **Requêtes** :

➤ Rédigez la première partie de la requête qui cherche les clients ayant réalisé un chiffre d'affaires inférieur à 8 millions d'euros.
➤ Choisissez le Sous-type **Clients** du Type **Clientèle** dans l'arborescence des Types de la carte.
➤ Cliquez sur le bouton **Ajouter** puis **Editer**.

11. Dans la fenêtre **Conditions** ❶ :

➤ Déroulez la liste des champs associés aux clients à l'aide de la première liste pour retenir **CA (MEuros) - 2000** ❷.
➤ Avec la deuxième liste déroulante, choisissez l'Opérateur **est inférieur à** ❸ puis dessous, écrivez 8 ❹.
➤ Validez par **OK**.

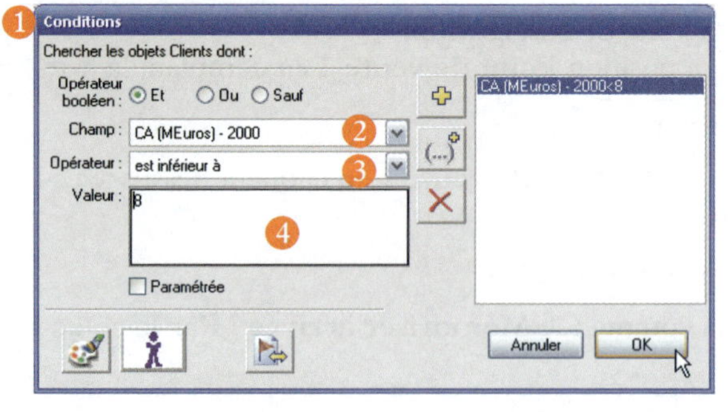

12. Dans la fenêtre **Requêtes** :

➤ Basculez dans l'onglet **Topologie** ❶ pour paramétrer la deuxième partie de la requête qui cherche les clients situés à moins de 1 km du point de vente 1.
➤ Cochez la case **Requête topologique** ❷ avec la **Sélection** comme liste de référence (le point de vente 1 sélectionné au préalable) ❸.
➤ Activez le radio-bouton **à moins de** ❹ et tapez **1** dans la zone éditable en vous assurant de choisir l'unité **km** ❺.

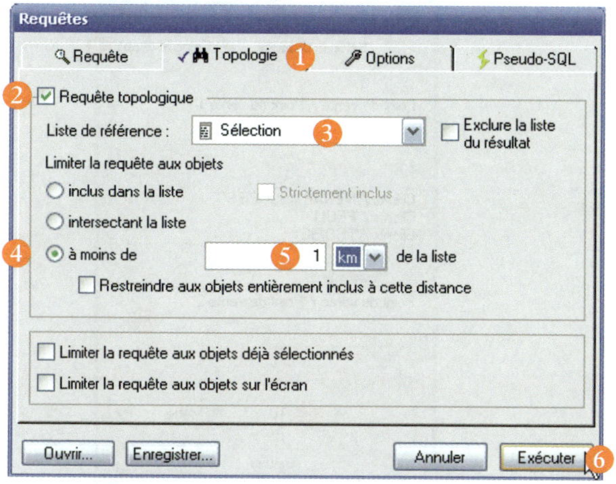

➤ Exécutez la requête ❻. La barre d'état indique que 3 objets sont sélectionnés ; ils apparaissent en vidéo inverse autour du point de vente 1.

13. À partir du menu **Itinéraire** :

➤ Exécutez la commande **Mémoriser Etapes / Par la sélection** pour prendre en compte les trois clients souhaités.

Il faut désormais paramétrer l'itinéraire.

➤ Exécutez la commande **Calculer l'itinéraire**.

14. La boîte de dialogue **Recherche du meilleur chemin** apparaît :

➤ Précisez le type d'itinéraire à calculer. Vous avez le choix entre **Selon la distance** (au plus court) et **Selon le temps** (le plus rapide) ; cochez **Selon le temps** 1.

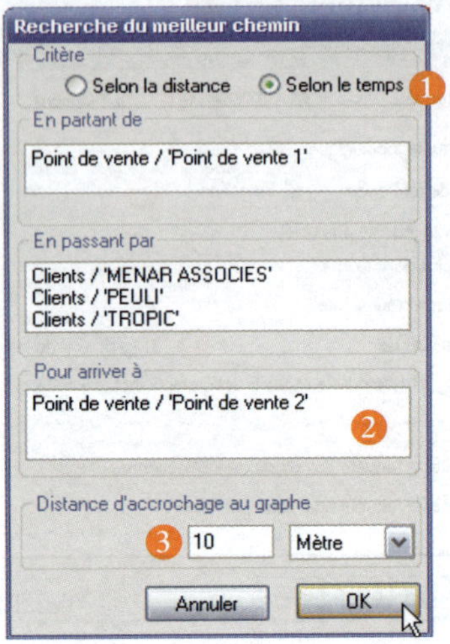

Un récapitulatif liste l'ensemble des points de départ, d'arrivée ainsi que les étapes retenues 2.
La distance d'accrochage doit être précisée avant de valider par le bouton **OK** 3. Cette distance est nécessaire pour accrocher les différents points de départ, d'arrivée et étapes aux nœuds du graphe généré. Dix mètres est une valeur raisonnable si les clients ont été justement géocodés.

2 CONSULTER LA FEUILLE DE ROUTE

La feuille de route est systématiquement proposée dans une fenêtre flottante. Différentes manipulations peuvent y être faites. En haut de la fenêtre, la distance totale parcourue, la durée et la vitesse moyenne sont affichées comme récapitulatif.

➤ Pour chaque tronçon emprunté (début et fin), la distance parcourue, le temps de trajet et la vitesse effectuée sont indiquées.
➤ Pour chaque étape, un résumé en rouge est précisé.
➤ La feuille de route est toujours disponible. Après avoir cliqué sur le bouton **Fin**, vous pouvez la réouvrir à partir du menu **Itinéraire**, commande **Feuille de route**. Elle est valable jusqu'à l'exécution du calcul d'un autre itinéraire.

1. Dans la fenêtre **Itinéraire le plus rapide** :

➤ Cliquez sur le bouton de sélection ①.
➤ Sélectionnez les différents tronçons qui composent le trajet afin de l'isoler.
➤ Cliquez sur le bouton **Fin** ② afin de visualiser le trajet.

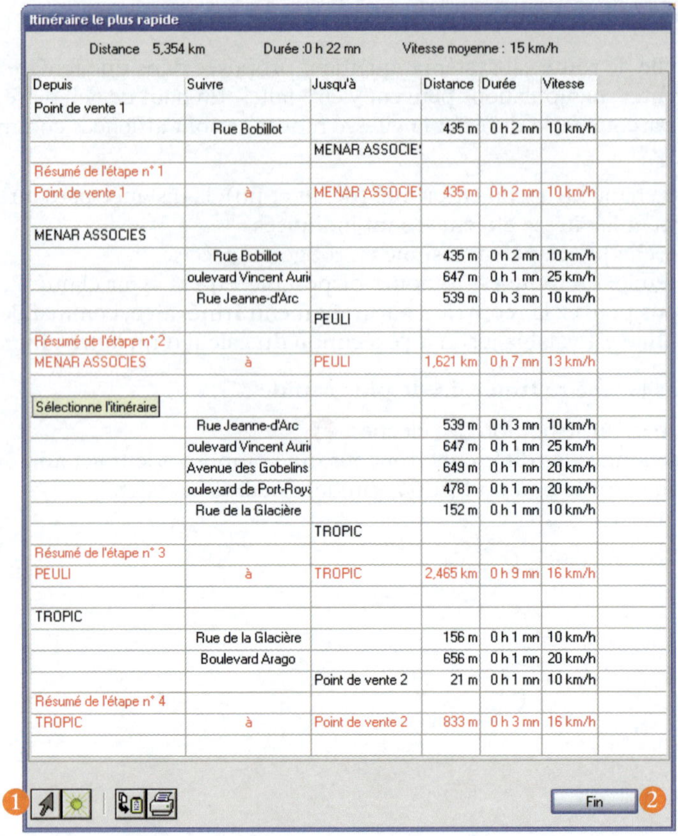

Itinéraire le plus rapide

Distance 5,354 km Durée :0 h 22 mn Vitesse moyenne : 15 km/h

Depuis	Suivre	Jusqu'à	Distance	Durée	Vitesse
Point de vente 1					
	Rue Bobillot		435 m	0 h 2 mn	10 km/h
		MENAR ASSOCIE!			
Résumé de l'étape n° 1					
Point de vente 1	à	MENAR ASSOCIE!	435 m	0 h 2 mn	10 km/h
MENAR ASSOCIES					
	Rue Bobillot		435 m	0 h 2 mn	10 km/h
	oulevard Vincent Auri		647 m	0 h 1 mn	25 km/h
	Rue Jeanne-d'Arc		539 m	0 h 3 mn	10 km/h
		PEULI			
Résumé de l'étape n° 2					
MENAR ASSOCIES	à	PEULI	1,621 km	0 h 7 mn	13 km/h
Sélectionne l'itinéraire					
	Rue Jeanne-d'Arc		539 m	0 h 3 mn	10 km/h
	oulevard Vincent Auri		647 m	0 h 1 mn	25 km/h
	Avenue des Gobelins		649 m	0 h 1 mn	20 km/h
	oulevard de Port-Roy		478 m	0 h 1 mn	20 km/h
	Rue de la Glacière		152 m	0 h 1 mn	10 km/h
		TROPIC			
Résumé de l'étape n° 3					
PEULI	à	TROPIC	2,465 km	0 h 9 mn	16 km/h
TROPIC					
	Rue de la Glacière		156 m	0 h 1 mn	10 km/h
	Boulevard Arago		656 m	0 h 1 mn	20 km/h
		Point de vente 2	21 m	0 h 1 mn	10 km/h
Résumé de l'étape n° 4					
TROPIC	à	Point de vente 2	833 m	0 h 3 mn	16 km/h

1 2 Fin

Les objets sont sélectionnés. Ils apparaissent en vidéo inverse et la barre d'état indique 37 tronçons.

Il est maintenant recommandé de colorier les éléments du trajet en noir afin de mieux les identifier.

2. Dans le menu **Apparence** :

- Lancez la commande **Colorier**.
- Déroulez les deux palettes pour retenir la couleur noire 1.
- Cliquez sur le bouton **Colorier** 2.

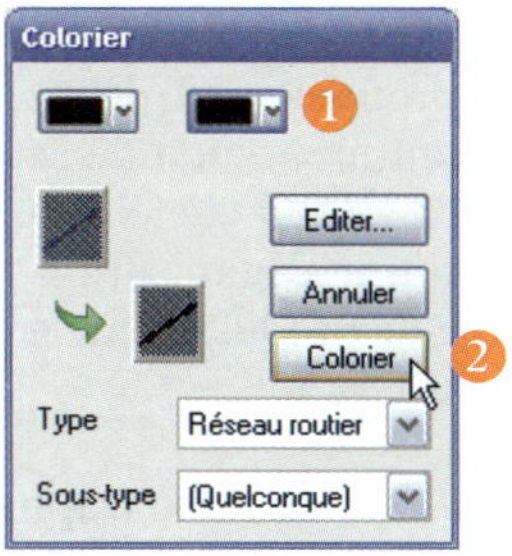

La carte apparaît à l'écran. Vous pouvez aisément suivre le trajet que le livreur doit emprunter pour aller au plus vite.

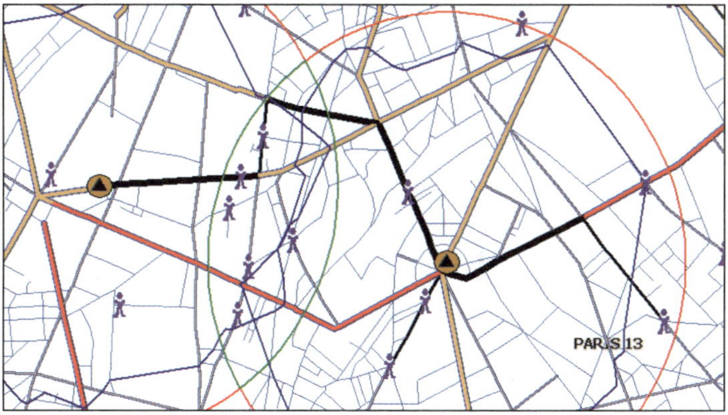

Pour visualiser le résultat, ouvrez la carte ***ScenarioA_chap7.gcm*** *dans le dossier* ***GeoConcept\Cartes\ScenarioA*** *avec l'onglet de visibilité* ***Début et Fin*** *et la position* ***Vue globale****.*

B Scénario B

Disponible dans le CD-Rom, dans le dossier GeoConcept/Cartes/ScenarioB, cette seconde carte ScénarioB représente des données centrées sur l'Ouest de l'Europe allant, d'Ouest en Est, de la Bretagne française à la région de Freiburg en Allemagne et du Nord au Sud, de la région de Kent en Grande-Bretagne à celle de Rhône-Alpes en France. Elle servira de carte de référence dans les chapitres 8 à 11.

Comme pour tout logiciel professionnel, décrire GeoConcept sans se placer dans un contexte professionnel aurait eu peu de sens. C'est pourquoi, dans ces chapitres, les fonctions principales du logiciel seront abordées à travers un exemple suivi : celui du directeur d'une organisation privée ou publique qui souhaite vendre une nouvelle gamme de produits dont la cible est constituée essentiellement par les employés du secteur tertiaire.

Dans un premier temps, il faudra cartographier les régions à fort potentiel, le territoire d'action commerciale étant situé sur l'Ouest de l'Europe. Dans un deuxième temps, il est décidé de cartographier le découpage commercial du territoire en secteurs de vente afin d'en vérifier la fiabilité économique. Des simulations de découpages commerciaux pourront être tentées pour homogénéiser ce territoire commercial. Enfin, pour communiquer efficacement les décisions prises, il conviendra de réaliser une mise en page d'un document.

À partir de cette carte, nous découvrirons donc les fonctionnalités suivantes de GeoConcept :

- *la mise à jour de données statistiques* via *un fichier Excel ;*
- *la représentation cartographique d'une donnée (les emplois dans les services) et l'analyse thématique par plages de couleurs ;*
- *le regroupement et la sectorisation sur des zones d'étude ;*
- *l'écriture de labels (couche virtuelle Étiquettes) ;*
- *la mise en page d'un document avec plusieurs blocs.*

Si vous êtes dans une phase de découverte du logiciel, nous vous recommandons de commencer par le chapitre 1 et de suivre les différentes étapes décrites, jusqu'au chapitre 11. Si vous devez interrompre votre apprentissage, veillez à enregistrer la carte sur laquelle vous avez travaillé. Ensuite, vous ouvrirez la carte enregistrée afin de reprendre là où vous en étiez.
Après avoir réalisé les différentes étapes d'un chapitre, vous pourrez visualiser le résultat (ou corrigé) en ouvrant la carte disponible sur le CD, dont le nom reprend le numéro du chapitre dans lequel vous êtes : ouvrez **ScenarioB_chap8.gcm** en fin de chapitre 8, par exemple.
Si vous souhaitez vous familiariser avec une fonctionnalité, vous pouvez accéder directement au chapitre qui vous intéresse. Il faudra alors ouvrir la carte correspondant au résultat du chapitre précédant le vôtre : Ouvrez **ScenarioB_chap9.gcm** pour commencer à travailler sur le chapitre 10.

En ouvrant la carte vierge **ScenarioB.gcm**, l'image de l'Europe apparaît. Cette carte est muette. Cliquez sur l'onglet de visibilité **Début** pour voir les objets vectoriels des entités administratives européennes.
Elle contient deux Types d'objets :
– un extrait de la carte d'Europe au format image ;
– le second Type d'objets est constitué de deux Sous-types d'objets surfaciques qui contient, pour le premier, les entités régionales de la CEE et, pour le second, quelques autres entités hors CEE.
L'analyse ne portant que sur les régions de la CEE, les données associées à ces objets sont les suivants :
– le code du pays ;
– l'intitulé de la région européenne ;
– le code NUTS indiquant la clé pour la Nomenclature des Unités Territoriales Statistiques.

Conseils techniques

Copiez le dossier **GeoConcept** sur votre poste avant d'exploiter les cartes. Ouvrez ensuite le logiciel, puis cliquez sur **Fichier / Ouvrir** et sélectionnez la carte que vous désirez utiliser.
Voir page 128 pour plus de détails.

8 Cartographier une donnée statistique

Après avoir enrichi les régions CEE de la carte avec de nouvelles données associées contenues dans un fichier Excel externe (données de population, activité...), montrer la répartition du nombre d'emplois dans les services pour l'ensemble des régions de la CEE, à l'aide d'un symbole carré d'une couleur violette dont la taille varie en fonction du nombre d'employés dans les services.

*Ouvrez la carte vierge **ScenarioB.gcm**, disponible dans le dossier **GeoConcept\Cartes\ScenarioB** avec l'onglet de visibilité **Début** et la position **Vue globale**, ainsi que le fichier **Stat_Europ.xls**.*

1 Mettre à jour les données à partir d'Excel

1. Réalisez une connexion avec le fichier **Stat_Europ.xls** à partir du menu **Données**.

➤ Exécutez la commande **Données externes** puis **Gestionnaire de configurations**.

2. Dans la boîte de dialogue du gestionnaire de configurations :

➤ Cliquez sur l'onglet **Sources de données** ① et sélectionnez **Connexions**.

➤ En cliquant avec le bouton droit de la souris, exécutez la commande **Nouvelle source de données** ② pour effectuer un lien au service d'accès des données OLE DB (Microsoft).

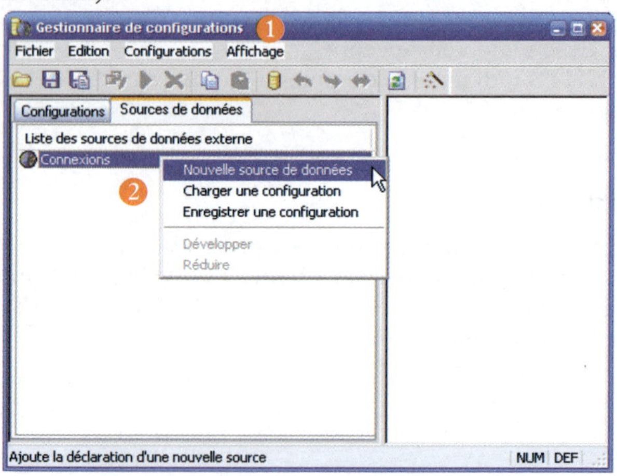

3. Dans la nouvelle boîte de dialogue **Assistant de configuration de source de données externe** :

➤ Donnez un nom à la connexion **Europe_Excel** ① et cliquez sur le bouton Suivant ②

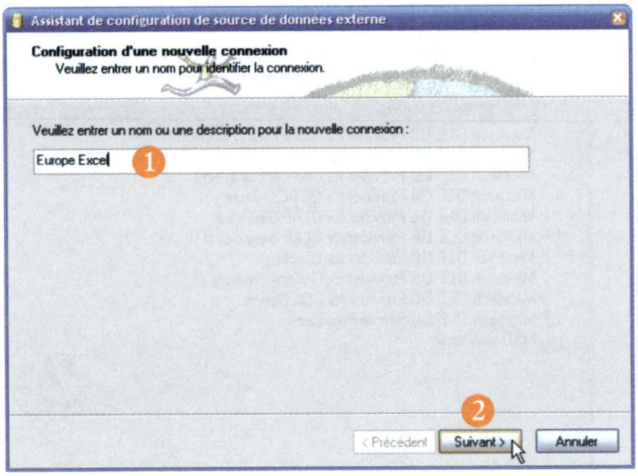

4. Dans l'assistant suivant :

➤ Validez **Un fournisseur OLE DB** ①.
➤ Cliquez sur le bouton **Définir les propriétés** ②.

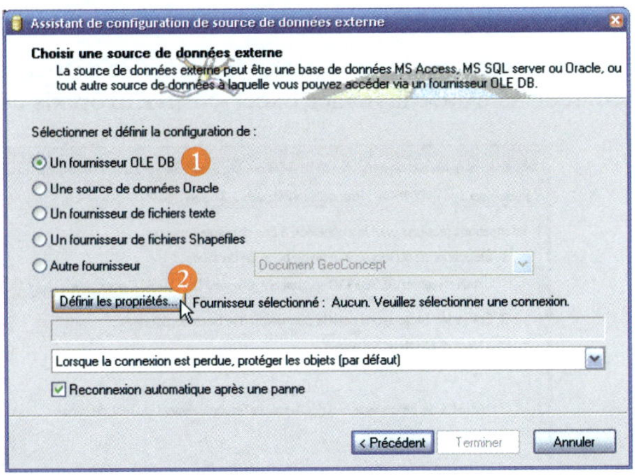

5. La boîte de dialogue **Propriétés des liaisons de données** apparaît :

➤ Choisissez le fournisseur Access **Microsoft Jet 4.0 OLE DB Provider** ① pour un accès aux bases de données Access à partir d'Access 2000.

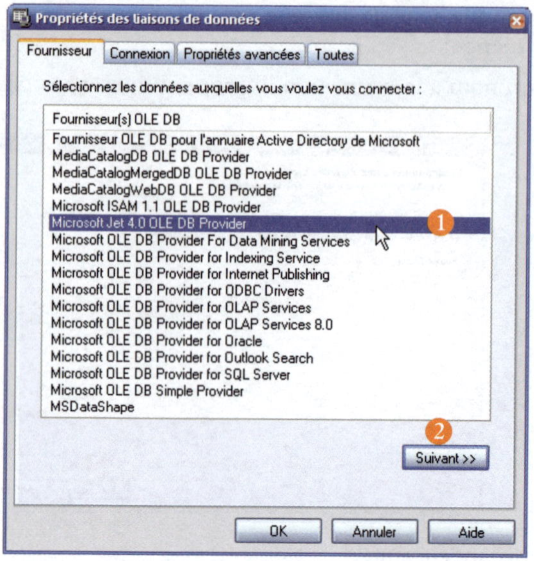

➤ Cliquez sur **Suivant** 2 pour indiquer le répertoire où se trouve la base de données.

6. Dans la boîte de dialogue **Propriétés des liaisons de données** :

➤ Cliquez sur le bouton représenté par trois points de suspension 1 pour indiquer le chemin où se trouve le fichier Excel (**Stat-Europ.xls** copié sur le disque dur).

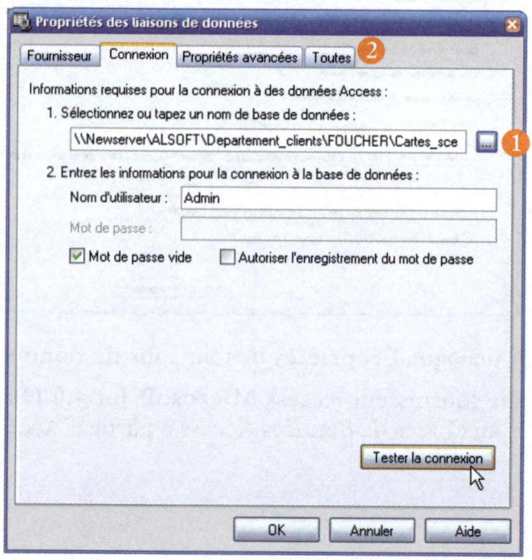

➤ Cliquez sur l'onglet **Toutes** ② pour indiquer les propriétés d'initialisation d'Excel.

7. Dans l'onglet **Toutes**, double-cliquez sur la propriété **Extended properties** ① pour modifier la valeur par défaut de la propriété :

➤ Dans la zone éditable de la **Valeur de la propriété** ② écrivez (en respectant la case, les espaces) : Excel 8.0;HDR=Yes.

➤ Validez les deux boîtes de dialogue par **OK** ③ et enfin par **Terminer** pour valider la nouvelle source de données déclarée.

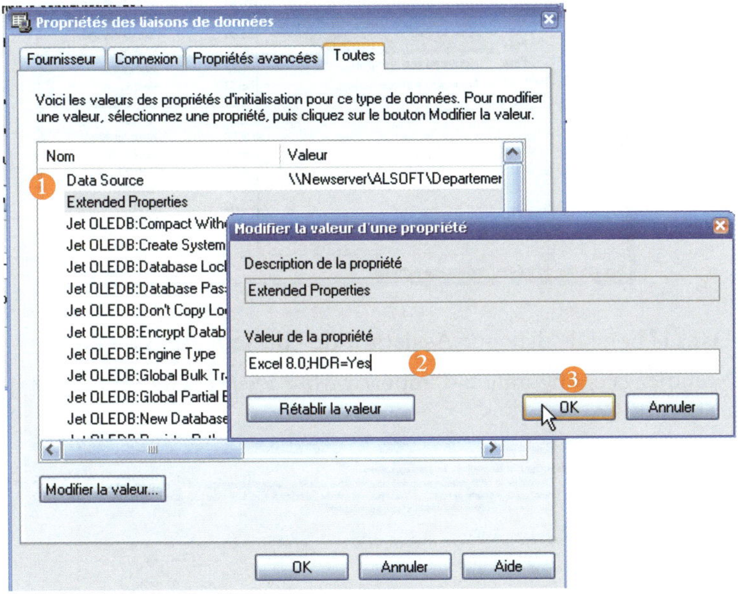

ASTUCES

Si le test de **Connexion** en cliquant sur le bouton du même nom est invalide, contacter l'administrateur du parc informatique pour une mise à jour des pilotes bases de données.

8. Dans la boîte de dialogue **Gestionnaire de configurations** :

➤ Visualisez la connexion dans l'onglet **Sources de données**.

➤ Sélectionnez la table (l'onglet **Statistiques**) du fichier Excel à mettre à jour dans GeoConcept ❶ puis avec un clic droit de la souris, sélectionnez la commande **Nouveau lien d'import** ❷.

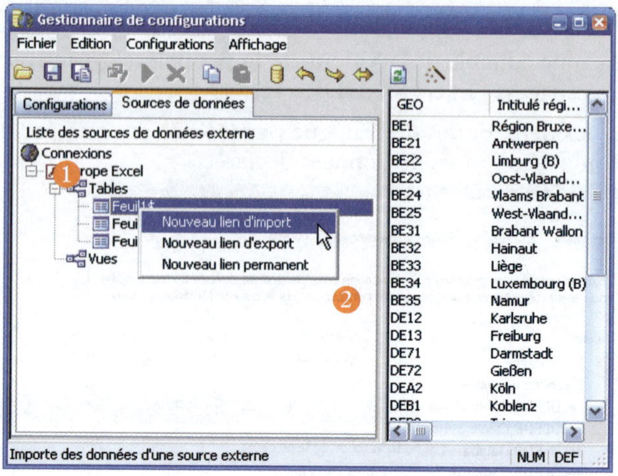

9. Dans la boîte de dialogue **Assistant de configuration de lien** :

➤ Nommez la configuration d'import : *Mise à jour pays* ❶ et cliquez sur le bouton **Suivant** ❷.

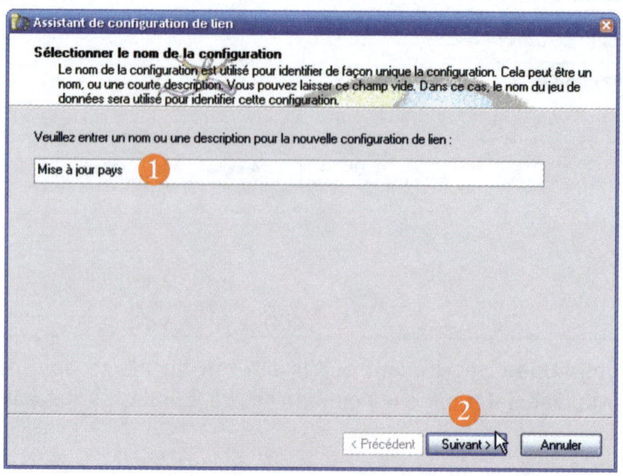

10. Dans la boîte **Principaux paramètres d'importation**, conservez l'option **Importation standard** cochée avant de cliquer sur le bouton **Suivant**.

11. Dans l'**Assistant de configuration de lien** :

➤ Sélectionnez le Type et le Sous-type d'objets à mettre à jour : double-cliquez sur le Type **Régions** puis sélectionnez le Sous-type **Régions CEE** ❶.

➤ Cliquez sur le bouton **Suivant** ❷.

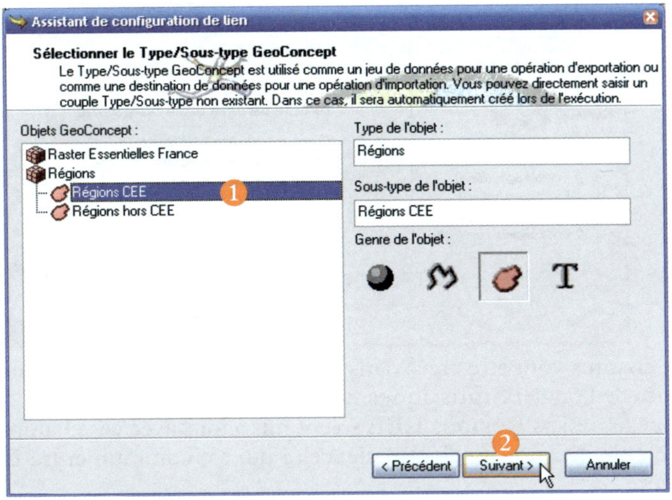

12. La boîte de dialogue **Assistant de configuration de lien – Configurer le lien entre l'objet externe et l'objet GeoConcept** montre, à gauche, les informations de la table externe et, à droite les champs existants dans GeoConcept pour le Type et le Sous-type retenus. Il suffit de choisir, au centre, les champs GeoConcept auxquels les informations externes vont être associées.

➤ En cliquant, avec le bouton droit de la souris, dans la partie centrale du dialogue ❶, exécutez la commande **Utiliser tous les noms de champs externes** ❷ pour que GeoConcept crée autant de champs qu'il y en a dans la table externe (puisque ces champs n'existent pas dans GeoConcept pour les objets à mettre à jour). Ils sont nommés de la même façon que dans la table externe.

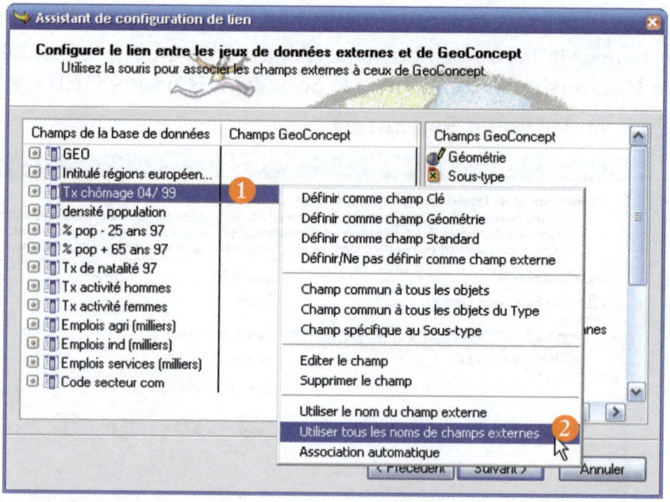

Treize champs vont être créés dans GeoConcept correspondant aux différentes colonnes de l'onglet **Statistiques** du fichier Excel.
Afin que les objets **Régions CEE** soient mis à jour avec ces champs, il est indispensable de déclarer un champ clé, celui qui est commun entre Excel et GeoConcept.

➤ Dans la partie droite du dialogue, sélectionnez le champ **Code Nuts** ❶ et par un cliquer-glisser-déplacer, affectez-le au champ **GEO** dans la colonne centrale ❷.

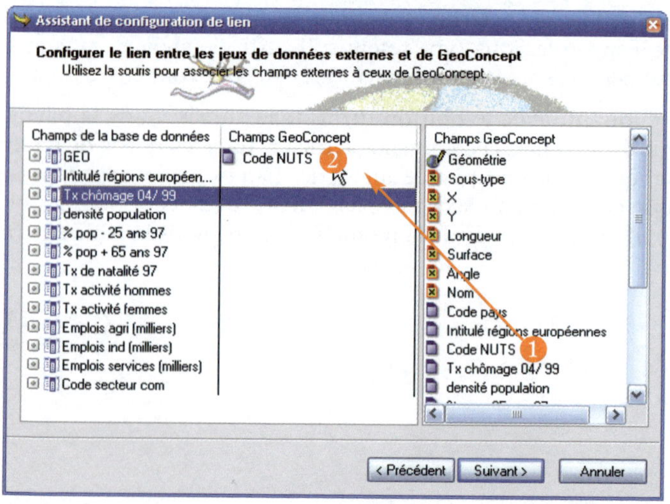

➤ Dans la partie centrale, sélectionnez le champ **Code NUTS** et déclarez la clé en cliquant avec le bouton droit pour choisir la commande **Définir comme champ clé** ❶.

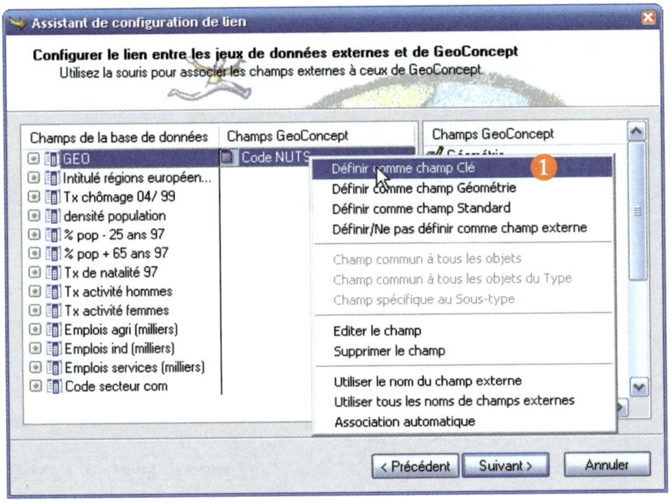

➤ Cliquez deux fois sur le bouton **Suivant**.

13. La boîte de dialogue **Assistant de configuration de lien – Paramètres avancés d'importation** présente trois onglets :

➤ Dans l'onglet **Créer**, décochez la case **Autoriser la création d'objets** 1 puis basculez sur l'onglet **Mettre à jour** 2.

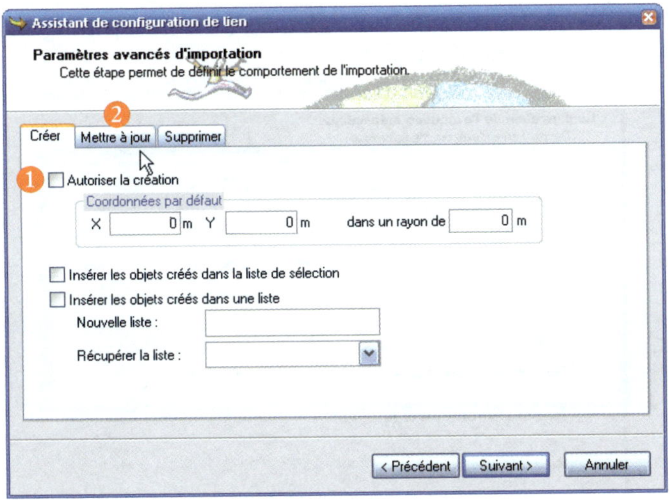

➤ Cochez l'option **Autoriser la mise à jour** 1 ; cochez l'option **Insérer les objets mis à jour dans la sélection** afin qu'on puisse vérifier par une liste si tous les objets concernés ont bien été enrichis des champs du fichier Excel 2. Basculez ensuite sur l'onglet **Supprimer** 3.

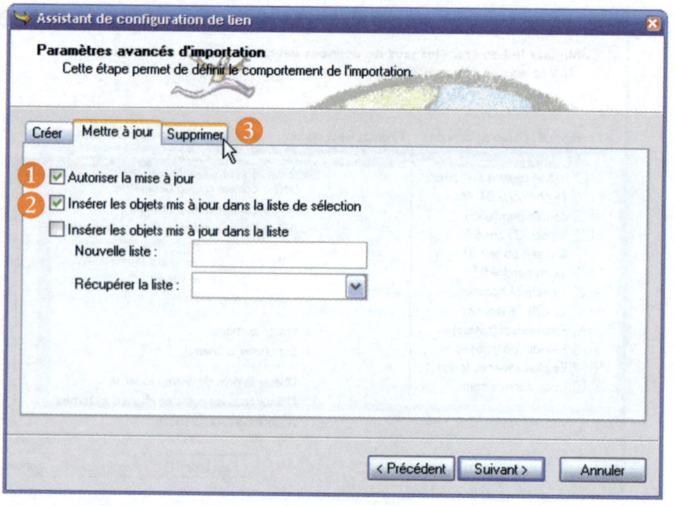

➤ Dans l'onglet **Supprimer**, vérifiez qu'aucun objet ne sera détruit en cochant la case **Ne pas supprimer dans GeoConcept** et cliquez sur le bouton **Suivant**.

14. Dans la boîte de dialogue **Assistant de configuration de lien – configuration de l'exécution automatique**, ne déclarez aucun évènement temporel, puisque les informations sont importées à un instant T sans aucune fréquence de mise à jour.

➤ Cliquez sur les boutons **Suivant** 1 puis **Terminer** pour visualiser la configuration de mise à jour des régions d'Europe.

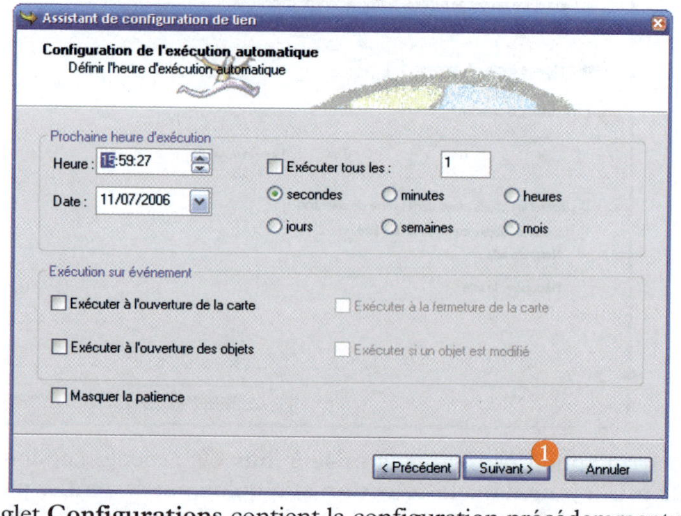

15. L'onglet **Configurations** contient la configuration précédemment paramétrée. L'icône placée devant prouve qu'il s'agit d'une configuration d'import.

➤ En cliquant sur la configuration 1, contrôlez dans la partie droite 2 l'ensemble des paramètres pour éventuellement les modifier.

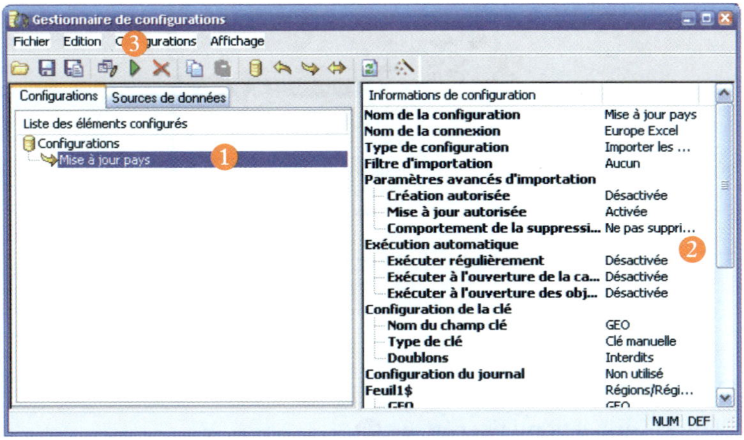

➤ Cliquez sur le triangle vert 3 pour lancer la mise à jour des régions avec la table du fichier Excel. Les quarante-six objets représentant les régions sont mis à jour ; la barre d'état indique qu'ils sont sélectionnés.

2 Cartographier les données mises à jour

1. À partir du menu **Apparence** :

➤ Exécutez la commande **Affichage et visibilités** qui ouvre une boîte de dialogue.

2. Dans la fenêtre **Affichage et visibilités** :

➤ Déroulez l'arborescence des couches d'information en double-cliquant sur **Régions** 1.
➤ Sélectionnez la couche **Régions CEE** et déroulez le menu contextuel avec le bouton droit de la souris, pour lancer la commande **Ajouter une thématique** 2.

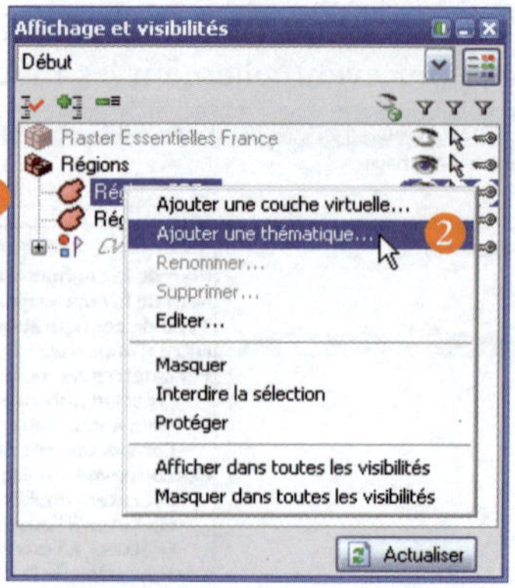

3. Dans l'éditeur de thématiques :

➤ Cliquez sur l'action **Discrétiser** ①.
➤ À l'aide de la liste déroulante, choisissez le champ **Emploi Services (milliers)** ② et indiquez que cette donnée est une **Quantité** brute ③.
➤ Confirmez le mode de représentation par symboles ④.

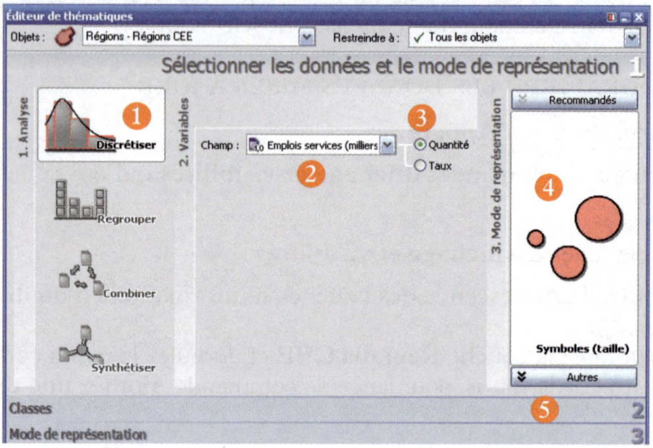

4. Basculez dans le volet suivant 2 **Définir les classes** ⑤ volet « classes » pour réaliser la discrétisation.

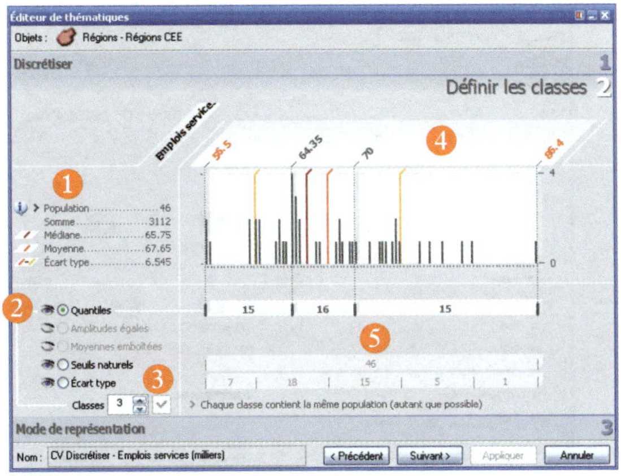

➤ Les indicateurs statistiques sont proposés ❶ dans la zone réservée.
➤ Choisissez la méthode des quantiles pour répartir le même nombre d'objets dans chaque classe en cochant le radio-bouton ❷ avec trois **Classes** que vous validez à l'aider du bouton **Griffe verte** ❸. Les bornes sont recalculées et apparaissent dans le diagramme de distribution central ❹ Chaque classe est composée de 15 ou 16 objets ❺.

➤ Cliquez sur le bouton **Suivant** pour définir les composantes de la représentation.

5. Dans le volet 3 **Définir le mode de représentation** :

➤ Faites varier la taille du symbole. Pour la première classe, double-cliquez sur la valeur et modifiez-la pour lui affecter une taille de 8 pixels. Répétez l'opération pour, respectivement, les valeurs 12 et 16 pour la deuxième et la troisième classes ❶.
➤ Au paramètre **Forme**, déroulez la deuxième liste pour choisir le carré plein ❷.
➤ Au paramètre **Couleur**, déroulez la palette des couleurs pour retenir un violet ❸.
➤ Cliquez sur le bouton **Terminer** ❹ pour appliquer la couche virtuelle aux régions de la CEE.

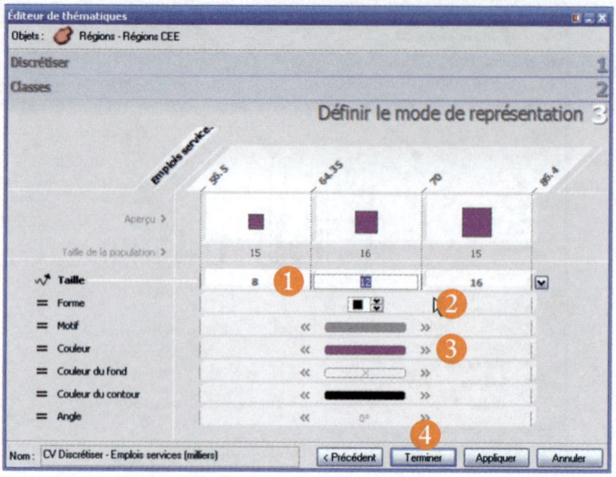

6. Dérouler la légende pour comprendre et analyser la carte.

➤ À partir du menu **Fenêtres**, exécuter la commande **Légendes**.
On constate une sur-représentation des emplois dans les services pour le Sud de la Grande-Bretagne et pour les régions belges alors que les régions de France en sont, hormis l'Ile de France, moins bien pourvues.

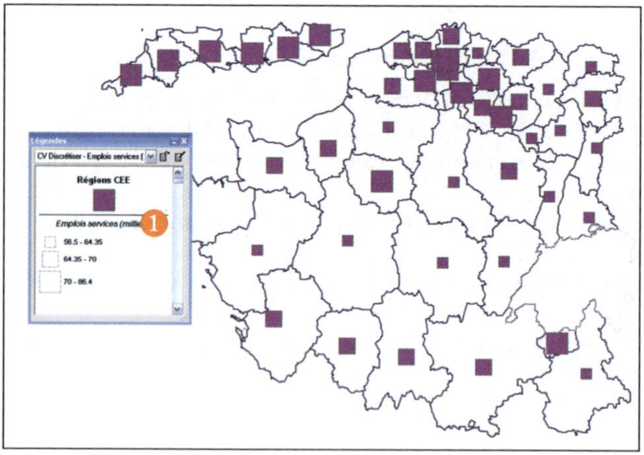

➤ En double-cliquant à l'**intérieur** de la légende ❶, on accède à un dialogue qui permet de l'éditer pour modifier les textes associés aux caissons.

7. Dans la fenêtre **Edition de la légende** 1 :

➤ Dans la partie droite du dialogue, surlignez **l'élément textuel** à modifier 2.

➤ Dans la partie gauche, finalisez la représentation en cochant éventuellement l'option **Visible** 3 pour rendre le texte visible dans la légende ; modifiez la **Police** de caractère avec la liste déroulante 4 , ajustez la **taille, couleur, graisse, italique** et **souligné** avec les différentes options dédiées 5.

➤ En cliquant sur le bouton **Options** 6, on peut cliquer sur **Chevauchement des éléments** 7 pour que les trois symboles de tailles différentes représentant les classes retenues soient imbriqués les uns dans les autres et qu'ils occupent moins de place dans la légende.

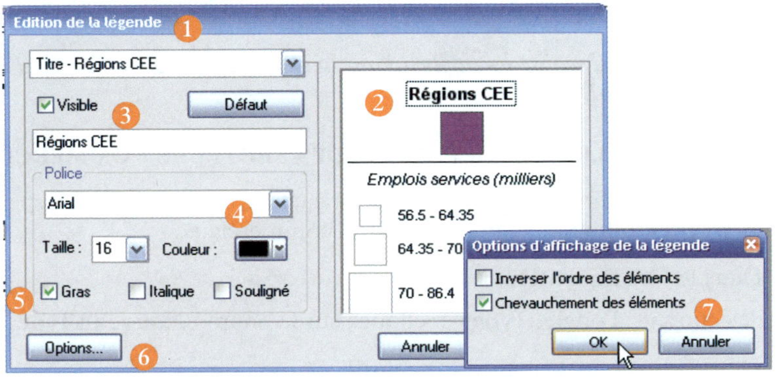

*Pour visualiser le résultat, ouvrez la carte **ScenarioB_chap8.gcm** dans le dossier **GeoConcept\Cartes\ScenarioB** avec l'onglet de visibilité **Fin** et la position **Vue globale.***

9 Réaliser un découpage commercial par sectorisation

Regrouper en secteurs commerciaux les régions de la CEE en fonction de leur code secteur (chaque région de la CEE est affectée d'un code, de A à E, qui correspond à l'ingénieur commercial qui s'en occupe ; les codes sont stockés dans un champ Code secteur com). Réajuster ce découpage, si besoin, à partir du nombre d'emplois dans les services, calculé sur ces secteurs.

Ouvrez la carte vierge ***ScenarioB.gcm*** *dans le dossier* ***GeoConcept\Cartes\ScenarioB*** *sur laquelle vous avez déjà effectué les applications du chapitre précédent. Veillez à ce que vous soyez dans l'onglet de visibilité* ***Début*** *avec la position* ***Vue globale.***

Si vous n'avez pas réalisé les applications du chapitre précédent, ouvrez directement la carte ***ScenarioB_chap8.gcm.***

1 Paramétrer le regroupement des secteurs commerciaux

Il faut d'abord enrichir la structure de la carte avec un nouveau Type d'objets pour créer automatiquement les secteurs commerciaux.

1. Dans le **Configurateur** :

➤ Sélectionnez l'onglet **Types** et cliquez sur le bouton **Nouveau Type**.

2. Dans la boîte de dialogue **Nouveau Type** qui apparaît :

➤ Nommez le nouveau Type et le nouveau Sous-type dans les deux zones éditables **Secteurs** et **Secteurs commerciaux** ①.

➤ Spécifiez le genre **Surfacique** avec la liste déroulante ②.

➤ Cliquez sur **Ajouter** puis **Fermer**.

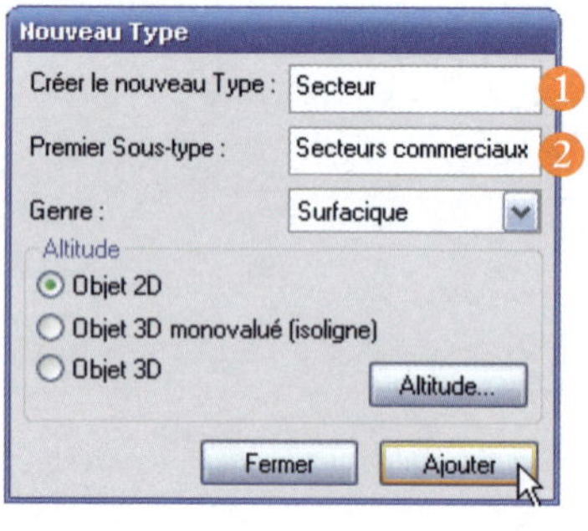

3. Dans le configurateur, onglet **Types** :

➤ Cliquez sur le bouton **Description** pour définir l'apparence standard des objets ❶.

➤ Double-cliquer sur le premier des douze caissons d'apparence ❷.

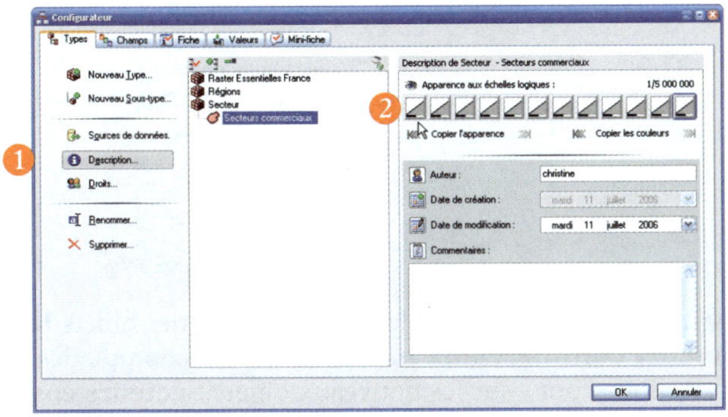

4. La boîte de dialogue **Apparence des polygones** apparaît :

➤ Sélectionnez le niveau 3 pour l'épaisseur du **Contour**, fuchsia comme **Couleur** du contour, trame point comme **Motif** de l'intérieur, la transparence au niveau de **Couleur du fond** (pour représenter la transparence).

➤ Cliquez sur **OK** pour valider.

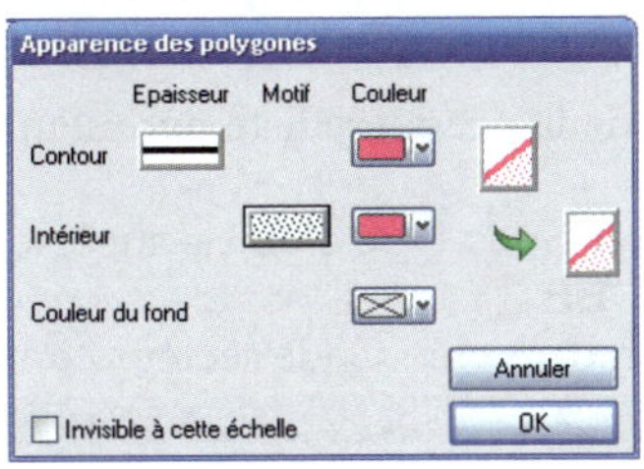

5. Dans le **Configurateur**, onglet **Types** :

➤ Cliquez sur le bouton **Copier apparence** avant de valider : les objets **Secteurs commerciaux** auront ainsi la même apparence quelle que soit l'échelle d'affichage. Il faut maintenant affecter un champ sur ces nouveaux objets. Il calculera la somme du champ **Emplois services (milliers)** pour toutes les régions CEE regroupées, en fonction de la valeur du champ **Code secteur com.**

6. Dans le **Configurateur**, onglet **Champs** :

➤ Cliquez sur le bouton **Nouveau champ** ❶ après avoir surligné le Sous-type **Secteurs commerciaux** ❷.

➤ Saisissez le **Nom du champ** : *Nb d'emplois services* ❸. Sélectionnez dans la liste déroulante le genre **Réel** ❹. Il sera automatiquement calculé par la fonction de regroupement des régions CEE en secteurs commerciaux.

➤ Cliquez sur le bouton **Ajouter** 5, puis sortez du configurateur avec le bouton **OK**.

Cette opération consiste à définir le regroupement des objets **Régions CEE** en objets **Secteurs commerciaux** puis à choisir les champs des objets **Régions CEE** qui « remonteront » sur les nouveaux objets **Secteurs commerciaux**.
Il faut encore définir la correspondance des objets.

7. Dans le menu **Topologie** :

➤ Exécutez la commande **Regroupement/Sectorisation.** Un assistant apparaît.

8. Dans l'**Assistant regroupement/sectorisation** :
Le premier assistant propose à gauche les objets de départ (ceux qui existent déjà) et à droite les objets à créer.

➤ À gauche, à l'aide de la première liste déroulante, choisissez l'ensemble des objets existants 1.
➤ Spécifiez le Type et le Sous-type d'objets sur lesquels porte le regroupement : **Régions – Régions CEE** 2.
➤ Précisez enfin le **Champ clé** : Code secteur commercial 3.

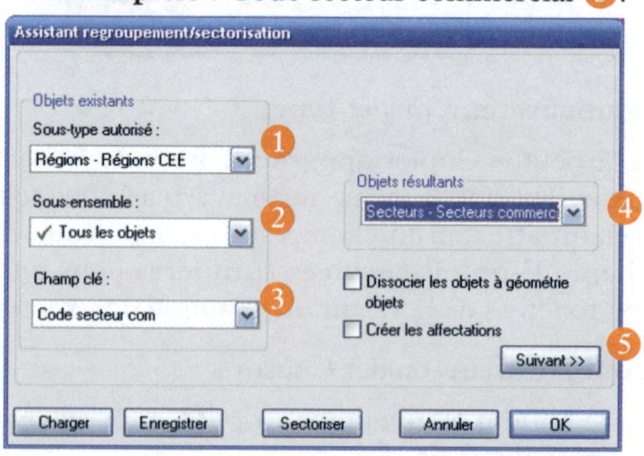

➤ Dans la partie droite, choisissez le Type et Sous-type d'objets à créer par regroupement des objets existants : **Secteurs – Secteurs commerciaux** 4. Pour continuer appuyez sur le bouton **Suivant** 5.

9. Mettez en correspondance les champs dans la fenêtre **Remplissage des champs.**
La liste des futurs objets à droite comporte deux champs : **Nom** et **Nb d'emplois services** précédemment créés. À gauche, la liste propose l'intégralité des champs des objets **Régions CEE** existants. Une correspondance doit être trouvée.

➤ Sélectionnez à droite le champ **Nom** 1 et à gauche le champ **Code secteur commercial** 2 pour les mettre en correspondance.
➤ Choisissez l'opérateur **Copie** 3. Chaque futur secteur commercial portera ainsi, dans son champ **Nom**, la valeur se trouvant dans le champ **Code secteur com** des régions CEE.

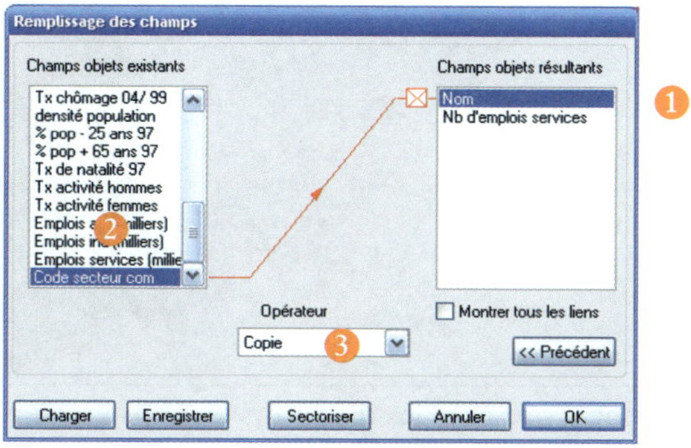

➤ Sélectionnez le champ **Nb d'emplois services** 4 à droite, puis sélectionnez à gauche le champ **Emplois services (milliers)** 5 pour les mettre en correspondance. Choisissez l'opérateur **Somme** dans la liste déroulante 6.
➤ Visualisez la sectorisation en cliquant sur le bouton **Sectoriser** 7.

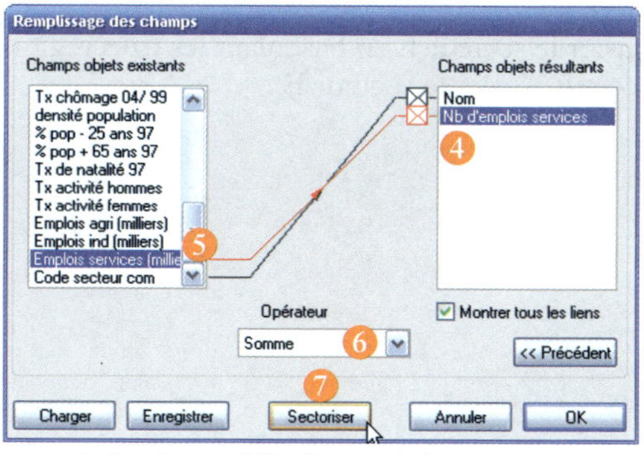

Ainsi, pour le secteur A, le champ **Nb d'emplois services** contiendra la somme du champ **Emplois services (milliers)** des régions CEE ayant comme **Code secteur com**, la valeur A.

2 ÉVALUER LA SECTORISATION

1. Cinq secteurs apparaissent par coloration des régions CEE ayant le même **Code secteur com** :

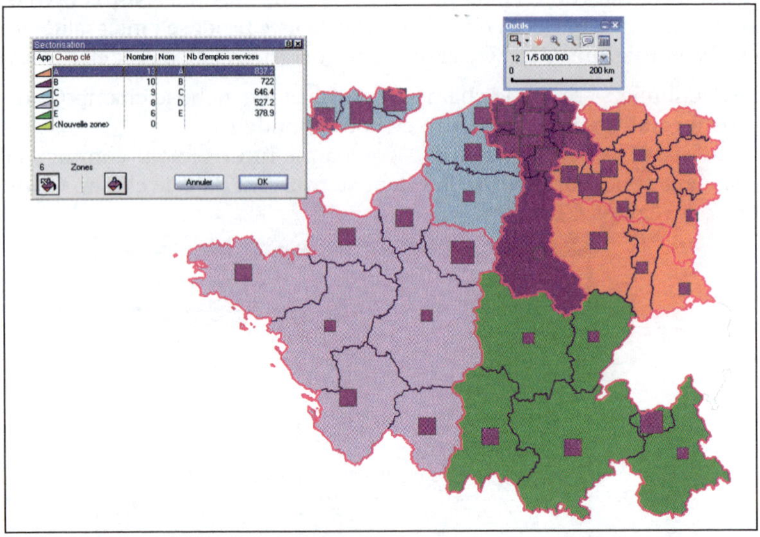

Le tableau associé présente les différents champs et, au regard du champ **Nb d'emplois services**, le secteur D (bleu pâle) et E (vert) sont sous-représentés avec respectivement 382,4 et 378,9 emplois dans les services. Les autres secteurs ont des valeurs allant de 722 à 837,2.

La sectorisation est une simulation. Elle va permettre de rééquilibrer les secteurs pour obtenir un nombre d'emplois dans les services à peu près identique dans les cinq secteurs.

Il faut donc ajuster le secteur E en basculant les trois régions Lorraine, Alsace et Freiburg du secteur A vers le secteur E.

2. Dans la fenêtre flottante **Sectorisation** :

➤ Surlignez le **secteur vert E** ①.

➤ Avec le bouton de piquage d'objets enfoncé ②, cliquez, sur la carte, sur la région Lorraine qui est coloriée en vert ③, puis ensuite sur la région Alsace et enfin celle de Freiburg.

Dans le tableau, le nombre d'emplois services est recalculé pour ajuster les deux secteurs A et E. Le secteur A bascule sur 654,9 et le secteur E obtient 561,2, diminuant ainsi son déséquilibre.

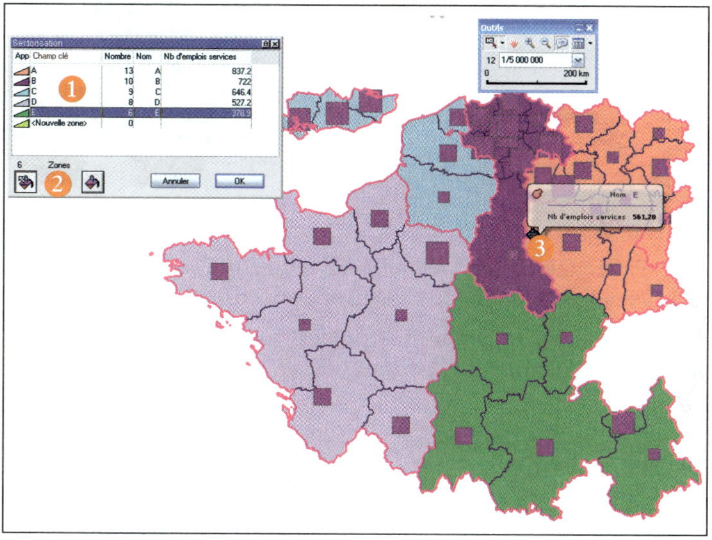

3 CRÉER LES SECTEURS COMMERCIAUX

Il faut désormais ajuster le secteur D en basculant les régions Haute-Normandie et Île-de-France du secteur bleu C vers le secteur D.

1. Dans la fenêtre flottante **Sectorisation** :

➤ Procédez exactement de la même façon que précédemment. On obtient le résultat suivant :

– secteur D = 527,2 ;

– secteur C = 646,4.

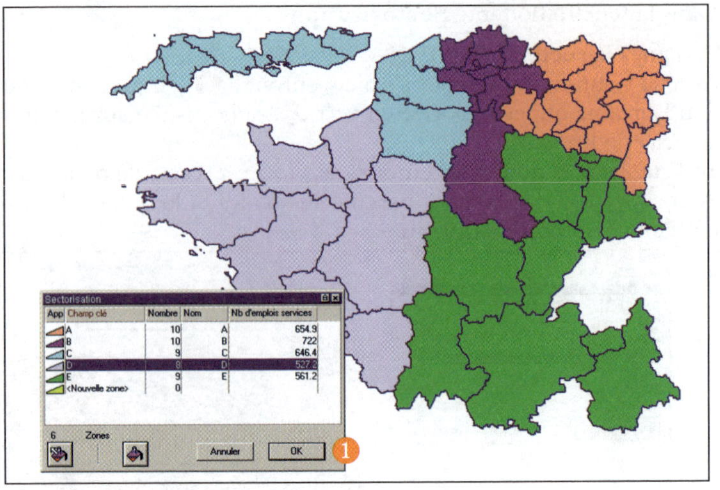

Changer l'affectation d'une région CEE à un autre secteur a pour effet de mettre à jour la valeur du champ clé **Code secteur com**.

➤ Une fois la sectorisation ajustée, lancez la création des objets **Secteurs commerciaux** en cliquant sur le bouton **OK** ❶ dans la fenêtre flottante **Sectorisation**.

2. Dans le message **Création d'objets** qui apparaît :

➤ Cliquez sur **Oui** ❷ pour déclencher la génération des cinq objets surfaciques **Secteurs commerciaux**.

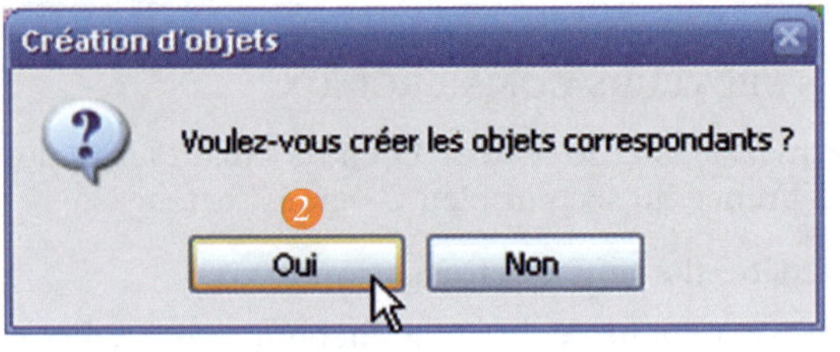

3. Sur la carte :

➤ Visualisez les différents secteurs. Pour distinguer les régions CEE constitutives, ils sont transparents et bordés d'un trait fuchsia.

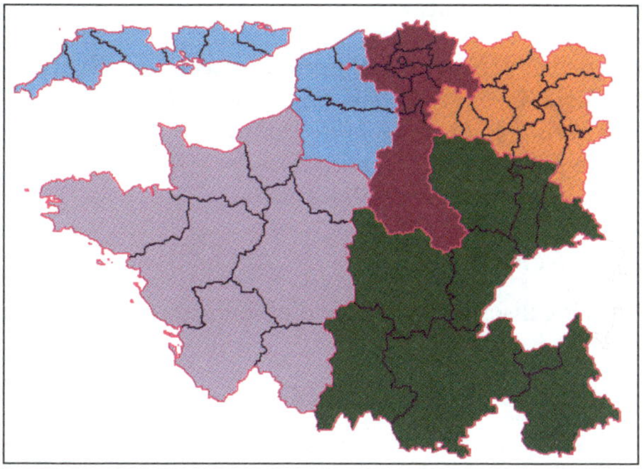

Les différentes régions CEE (objets de départ) restent coloriées avec les couleurs d'affectation de la sectorisation.

➤ En fermant la carte GeoConcept (dans le menu **Fichier**), veillez à ne pas enregistrer l'apparence des objets. Cliquez sur le bouton **Non** pour récupérer l'apparence standard des objets **Régions CEE** telle que définie dans le configurateur lors d'une ouverture ultérieure de la carte.
Voici la carte telle qu'elle s'affiche lors d'une réouverture avec l'affichage des secteurs au-dessus des régions CEE et calcul du champ **Nb d'emplois services**.

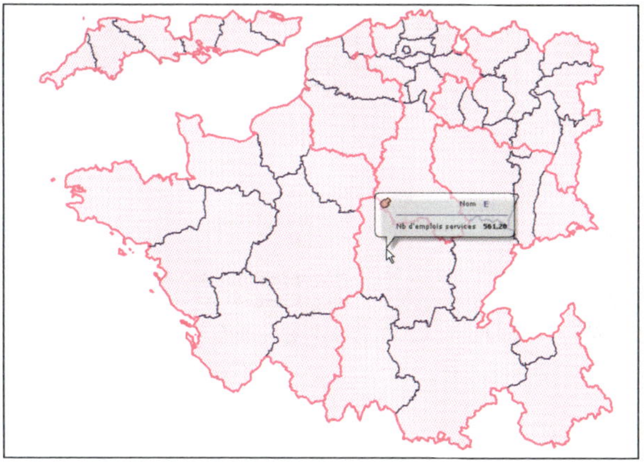

*Pour visualiser le résultat, ouvrez la carte **ScenarioB_chap10.gcm** dans le dossier **GeoConcept\Cartes\ScenarioB** avec l'onglet de visibilité **Fin** et la position **Vue globale**.*

10 Habiller une carte

Embellir une carte avec des labels qui représentent le nom des secteurs commerciaux créés dans le chapitre précédent.

*Ouvrez la carte vierge **ScenarioB.gcm** dans le dossier **GeoConcept\Cartes\ScenarioB** sur laquelle vous avez déjà effectué les applications des chapitres précédents. Veillez à être dans l'onglet de visibilité **Début** avec la position **Vue globale**.*
*Si vous n'avez pas réalisé les applications des chapitres précédents, ouvrez directement la carte **ScenarioB_chap9.gcm**.*

1 Définir des étiquettes

Il faut d'abord localiser le Sous-type d'objets auquel sera associée la couche virtuelle.

1. À partir du menu **Apparence / Affichage** :

➤ Déroulez l'arborescence des couches d'information en double-cliquant sur **Secteurs** 1.
➤ Sélectionnez le Sous-type **Secteurs commerciaux** 2 et déroulez le menu contextuel avec le bouton droit de la souris pour lancer la commande **Ajouter une couche virtuelle** 3.

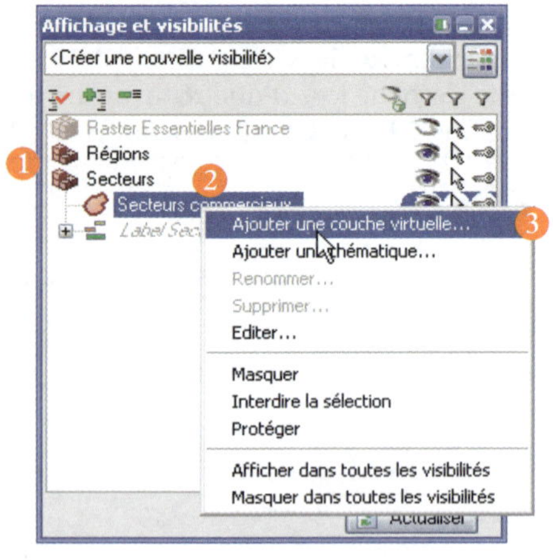

2. Dans la boîte de dialogue **Ajouter une couche virtuelle** qui apparaît :

➤ Déroulez la liste ① pour définir le **Genre** de la couche virtuelle.
➤ Vérifiez que les objets concernés sont ceux des **Secteurs commerciaux** ②.
➤ Nommez la couche virtuelle **Label secteurs** ③ avant de valider par le bouton OK..

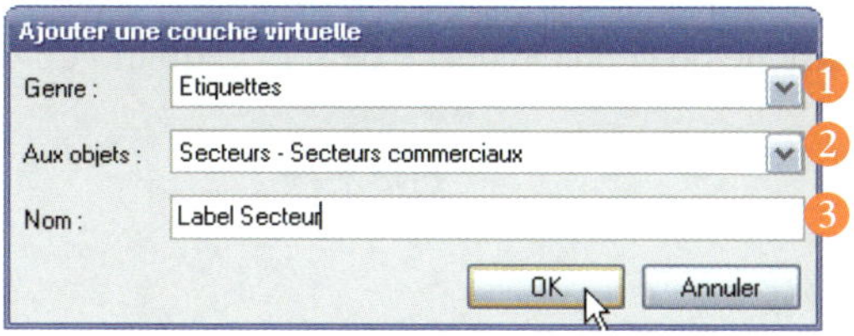

3. Dans la boîte de dialogue **Etiquettes** qui apparaît :
➤ Choisissez le champ à représenter, dans la partie gauche, en cochant la case devant le champ **Nom** ①. Il apparaît alors au centre de la fenêtre. Le centre représente la position du centroïde des objets **Secteurs commerciaux**.
➤ Cliquez sur le champ **Nom** et déplacez-le vers le haut et à gauche du centre ②.

Il faut maintenant paramétrer les éléments constitutifs du texte à écrire sur la carte.

➤ Dans la rubrique **Texte**, choisissez la police **Arial Black** de couleur noire et de **Taille 32** ③.
➤ Cochez les deux options de la rubrique **Halo** pour dessiner un contour jaune lissé autour des lettres ④.
➤ Visualisez les textes sur la carte en cliquant sur le bouton **OK**.

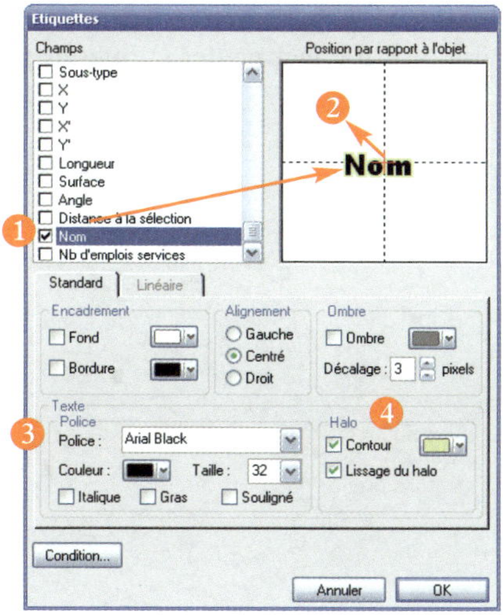

2 PERSONNALISER L'HABILLAGE

1. À partir du menu **Fenêtres** :

➤ Sélectionnez **Outils d'habillage objet**. Une barre d'outils apparaît. Le premier bouton (la flèche) permet de sélectionner une étiquette. Le deuxième bouton (l'œil) affiche ou cache l'étiquette sélectionnée. Le troisième bouton **Visibilité des flèches** affiche ou cache la flèche de renvoi quand on déplace une étiquette.

2. Sur la carte :

➤ Avec le bouton **Flèche** de la boîte **Habillage**, cliquez sur un texte de la carte. Une boîte de dialogue apparaît. Elle avertit l'utilisateur qu'un changement structurel doit intervenir sur les couches virtuelles.

3. Dans la fenêtre **Couches virtuelles – Changement de structure** :

➤ Cochez la case **Appliquer aux couches virtuelles sélectionnées** pour limiter les modifications à la couche Etiquettes en cours de constitution. Cliquez sur le bouton **Oui.**

4. Sur la carte :

➤ Déplacez l'étiquette en maintenant le curseur enfoncé pour le lâcher à l'emplacement souhaité. Le curseur prend alors la forme d'une flèche accompagnée d'une étoile. Un rectangle, censé représenter l'encombrement que prendra l'étiquette, suit les mouvements de la souris.
➤ Renouvelez l'opération sur chacune des étiquettes à déplacer.

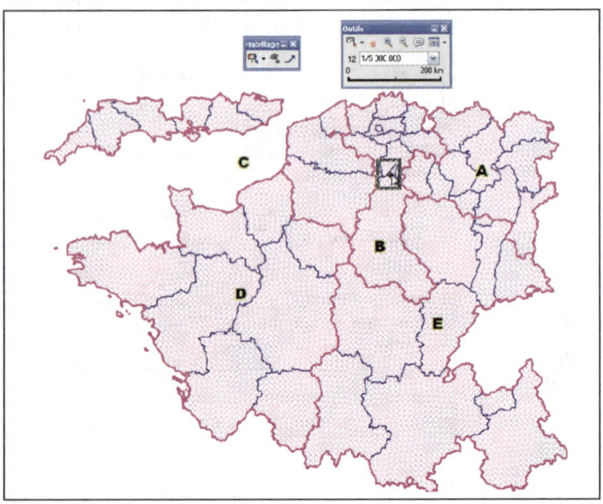

Une flèche apparaît systématiquement attachée à l'étiquette pour indiquer le centre de l'objet support :

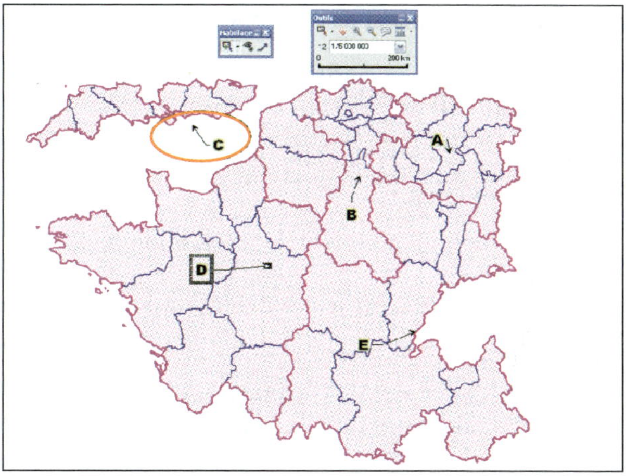

➤ Pour effacer une flèche, sélectionnez une étiquette ① sur la carte avec le mode **Flèche** ② des outils d'habillage objet, puis cliquez sur le bouton **Visibilité des flèches** ③, la flèche disparaît ; cliquez à nouveau sur le bouton, la flèche réapparaît sur la carte.

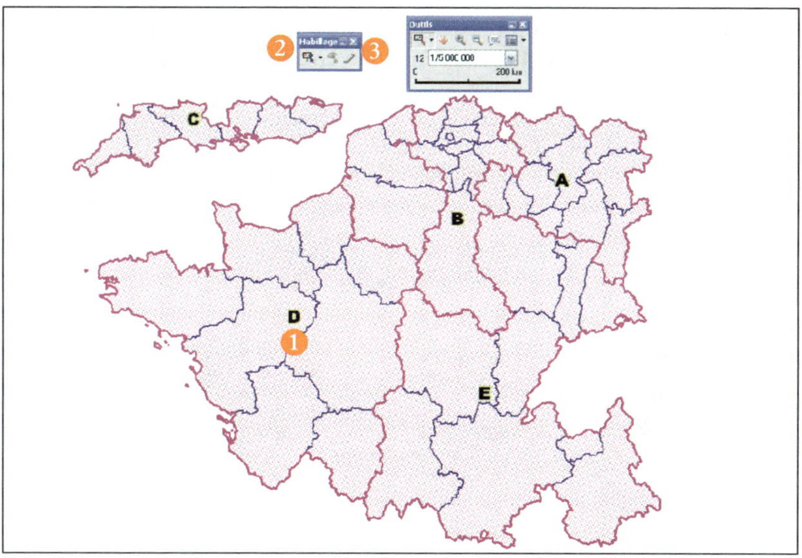

*Pour visualiser le résultat, ouvrez la carte **ScenarioB_chap10.gcm** dans le dossier **GeoConcept\Cartes\ScenarioB** avec l'onglet de visibilité **Fin** et la position **Vue globale**.*

11 Réaliser un rapport

Présenter une analyse, communiquer des résultats.

*Ouvrez la carte vierge **ScenarioB.gcm** disponible dans le dossier **GeoConcept\Cartes\ScenarioB** avec l'onglet de visibilité **Début** et la position **Vue globale**.*

1 Préparer le rapport

Le travail consiste à définir la visibilité et la position de la zone à montrer dans le rapport.
Créez d'abord la **visibilité**, appelée **Services**, qui montre différentes couches d'information :
– les **régions CEE** ;
– la couche virtuelle des symboles **Emplois dans services** ;
– la couche virtuelle Etiquettes **Label régions CEE** ;
– les **Secteurs commerciaux.**

1. Dans le menu **Apparence** :

➤ Cliquez sur **Apparence**.

2. Dans la boîte de dialogue **Ordre d'affichage et visibilité** qui apparaît :

➤ Cliquez sur le bouton représenté par un **+** (en haut de l'arborescence) 1.
➤ Pour chacune des couches d'information énumérées plus haut, assurez-vous que l'œil est ouvert 2.
➤ Dans la zone éditable située en haut de la fenêtre, remplacez le texte proposé 3 par le nom de la visibilité à créer : tapez *Services*, puis validez.
Un message demande de confirmer l'enregistrement de la visibilité.
➤ Tapez **Oui**. La visibilité est sauvegardée sous la forme d'un **onglet** qui apparaît en bas de l'écran.

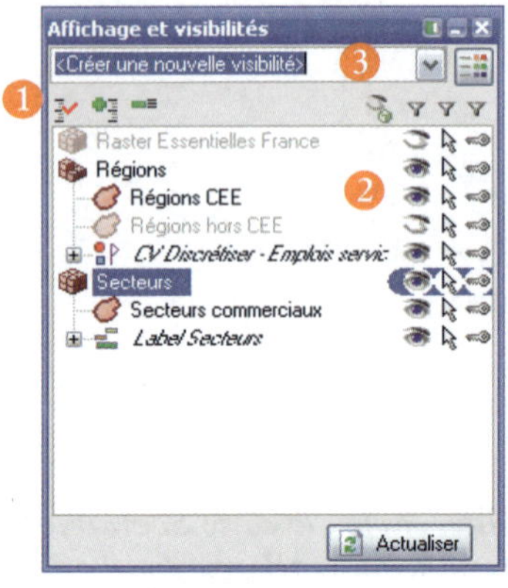

Vous devez maintenant vérifier la zone à représenter.

3. Dans le menu **Fenêtres** :

➤ Exécutez la commande **Navigation**.

4. Dans la barre **Navigation** qui apparaît :

➤ Déroulez la liste des positions pour choisir la **Vue globale** ①.

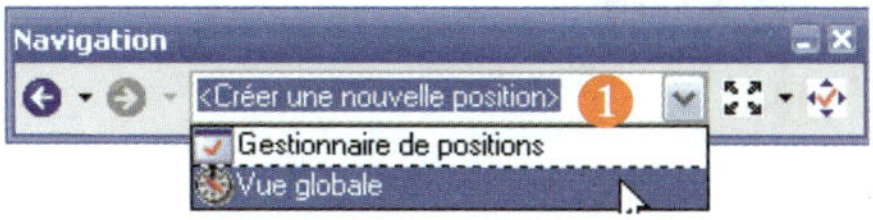

Éventuellement, la carte est redessinée à l'écran pour être centrée sur l'espace géographique demandé (voir le paragraphe **Navigation dans la carte et positions** de l'introduction).
Vous pouvez maintenant choisir une nouvelle mise en page.

5. Dans le menu **Fichier** :

➤ Lancez la commande **Mise en page**.
La carte apparaît avec une nouvelle interface, constituée de trois barres de menu.

6. Dans l'interface **Mise en page** :

➤ Cliquez dans la partie éditable en haut et à gauche pour remplacer **Défaut** ① par un nom de votre choix.
➤ Effectuez un clic long sur le bouton **Loupe +** ou **Loupe -** : une liste apparaît. Choisissez **Pleine page** ②.
➤ En mode **Sélection** (bouton représenté par un flèche) ③, cliquez sur la carte affichée. Le bloc carte positionné par défaut est sélectionné pour être supprimé à l'aide de la touche **Suppr** du clavier.

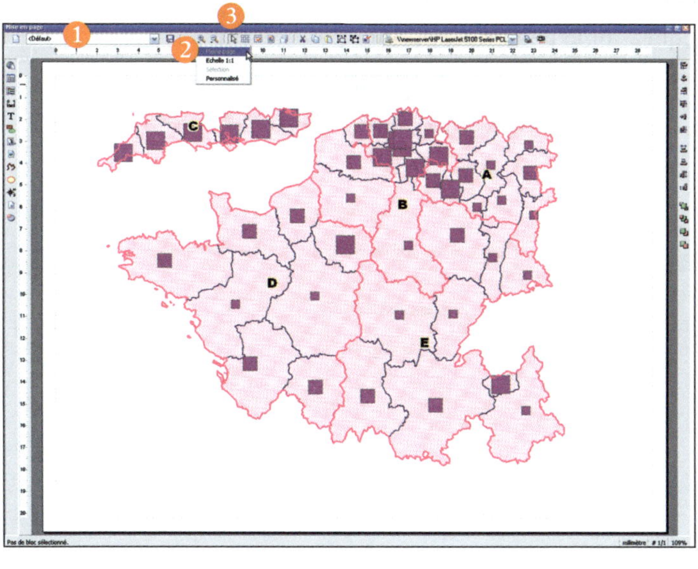

➤ Cliquez sur le bouton **Imprimante** pour préparer l'impression.

7. Dans la fenêtre **Mise en page et impression** qui apparaît :

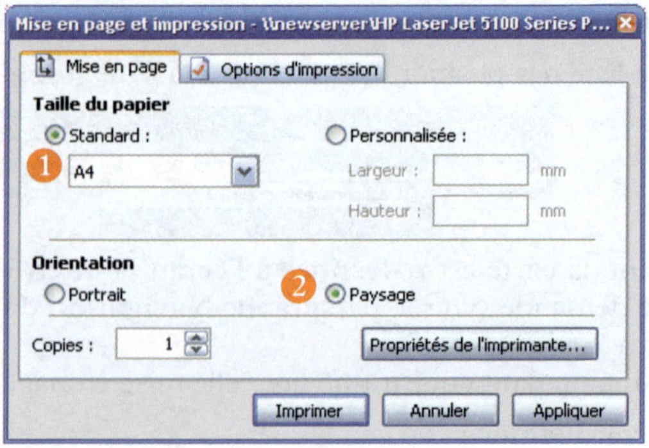

➤ Définissez la **Taille** du papier ① ainsi que l'**Orientation** du papier. Optez pour **Paysage** ②.

➤ Basculez dans l'onglet **Paramètres PDF** pour définir les différents critères propres à l'impression que vous ferez au format pdf.

8. Dans l'onglet **Paramètres PDF** :

➤ Fixez la **Résolution du document** cartographique à 300 DPI ①

➤ **Limitez la résolution des images** à 300 DPI ②

➤ Imposez un **Facteur de compression JPEG** à 75 % ③

➤ Indiquez le **Dossier** dans lequel le fichier PDF généré sera stocké ④

➤ Cliquez sur le bouton **Appliquer** pour revenir à la mise en page ⑤

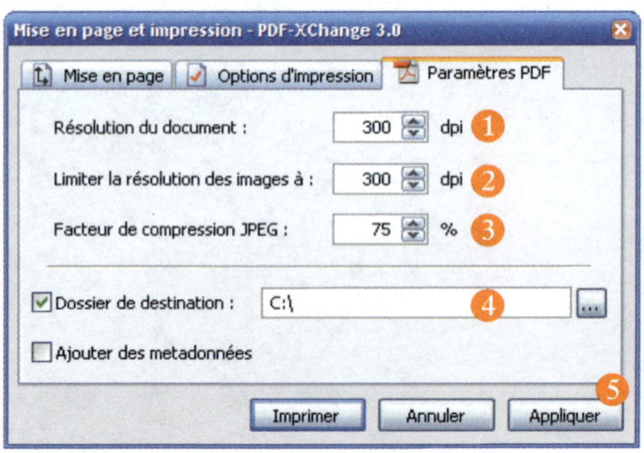

2 Mettre en page

Dans l'interface **Mise en page**, une série d'outils, placés verticalement dans la partie gauche de la fenêtre, sert à positionner et définir les blocs sur la feuille de papier.
Le travail va consister à utiliser chacun des outils adaptés à la confection de la mise en page et à dessiner un rectangle d'encombrement sur la feuille de papier avant de définir chacun des paramètres indispensables.
Il faut d'abord placer le bloc **Carte**.

1. Dans la barre d'outils verticale :

➤ Cliquez sur le bouton **Carte** (1) pour faire apparaître la boîte de dialogue **Propriétés du bloc Carte**.

2. Dans la fenêtre **Propriétés du bloc Carte** :

➤ Choisissez la position **Vue globale** (2).
L'échelle et les coordonnées X et Y du centroïde sont alors automatiquement calculées.
➤ Choisissez éventuellement comme apparence du cadre **<Sans valeur>** (aucun) (3).
➤ Définissez la forme du contour en sélectionnant **Rectangle** (4).
➤ Validez à l'aide de la liste déroulante la visibilité **Services** à montrer sur le bloc (5).
Les autres paramètres ne sont pas nécessaires.

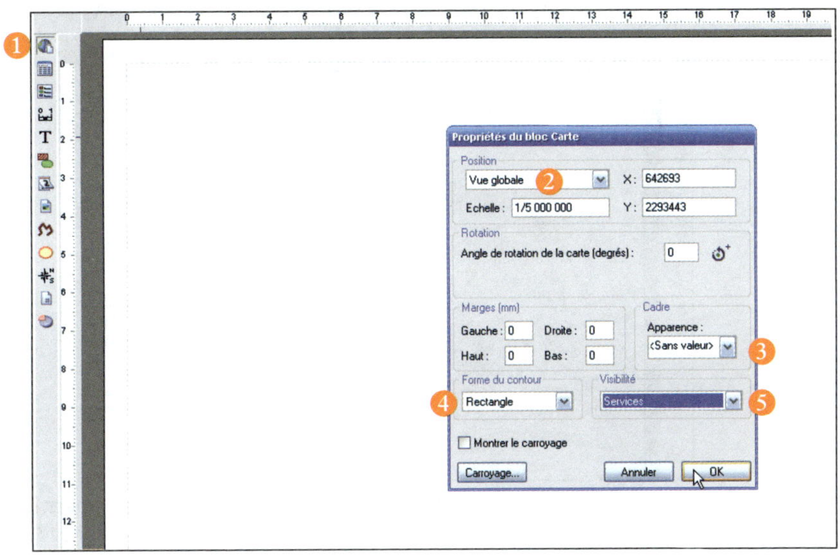

ASTUCES

Si la zone géographique n'est pas bien centrée dans le **bloc Carte**, il est possible de réajuster sa position. Utilisez le bouton **Déplacement** symbolisé par une main et, à l'aide de la touche **Ctrl** du clavier, effectuez un cliquer-glisser de la carte à l'intérieur du bloc.

Cette touche **Ctrl** est également utilisable avec la **loupe +** ou **–** pour modifier l'échelle de représentation de la carte à l'intérieur du bloc.

Il faut maintenant placer le titre.

3. Dans la barre d'outils verticale :

➤ Cliquez sur le bouton représentant un **T** (1) pour esquisser un rectangle (2) dans le coin supérieur gauche de la feuille dont l'emprise est environ de 14 cm de long sur 1,5 cm de haut.
La boîte de dialogue **Propriétés du bloc Texte** apparaît alors.

4. Dans la fenêtre des **Propriétés du bloc Texte** :

➤ Écrivez *CEE : étude du secteur tertiaire et découpage commercial.* Pour effectuer un retour à la ligne, enfoncez la touche **CTRL** avant d'effectuer un retour chariot (3).
➤ Cochez le radio-bouton **Gauche** pour réaliser l'alignement horizontal (4).
➤ En ce qui concerne la police de caractères, choisissez la police **Arial** de taille **16** en **gras** (5).
➤ Cochez la case **Mode amélioré** (6). C'est ce mode qui gère les écritures sur plusieurs lignes.

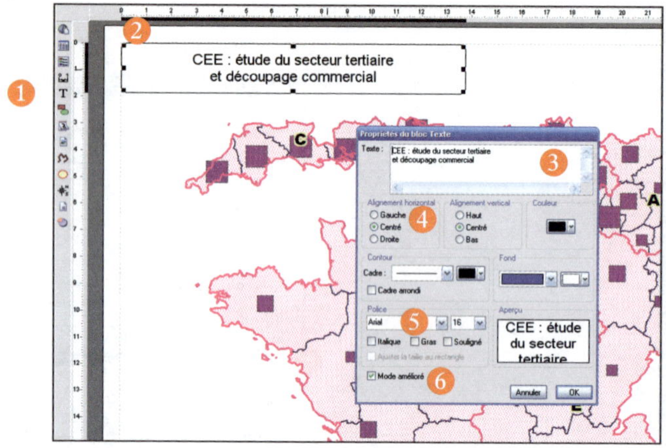

Après validation, le bloc texte est rempli et sélectionné. Les poignées permettent d'agrandir ou de diminuer la taille du bloc. On peut également déplacer le bloc pour le glisser à un autre endroit de la feuille.

Il faut maintenant placer l'échelle.

5. Dans la barre d'outils verticale :

➤ Cliquez sur le bouton **Échelle** ① pour dessiner sur la feuille un rectangle, dans le coin inférieur droit, d'une dimension globale de 6,5 cm de longueur sur 1 cm de hauteur ②.

6. Dans la fenêtre **Propriétés du bloc Échelle** qui apparaît :

➤ Cochez la case **Échelle graphique** ③.
➤ Choisissez l'**Échelle de la carte** en validant le numéro du bloc carte ④, auquel se réfère l'échelle, à l'aide de la liste déroulante.
➤ Jouez sur l'**Aspect des échelles graphiques** en sélectionnant dans les listes déroulantes les composantes que vous souhaitez ⑤.
➤ Définissez ensuite les différents paramètres d'habillage : un cadre sans contour, un fond transparent, la police Arial dont la taille est ajustée au rectangle ⑥.

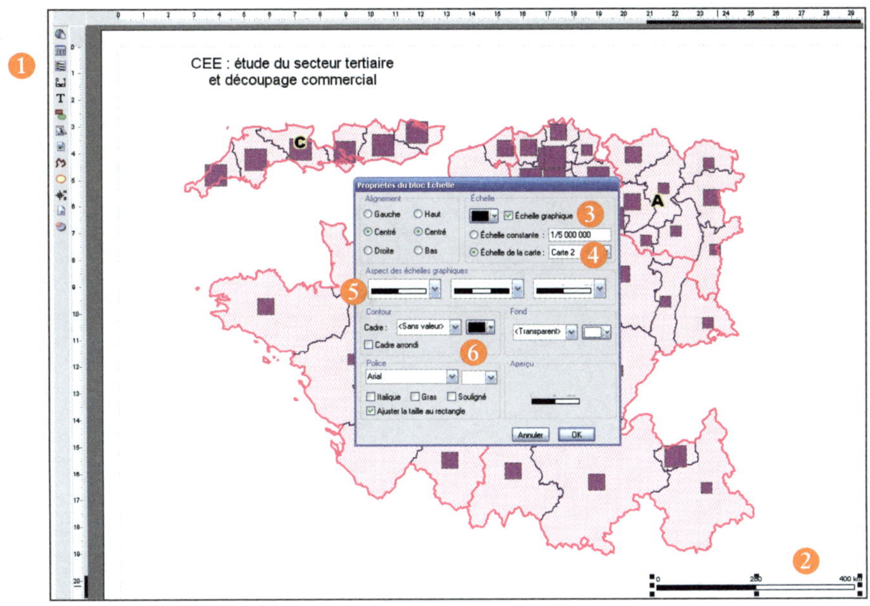

➤ Cliquez sur le bouton **OK** pour valider, le bloc échelle s'affiche.
Les poignées permettent d'agrandir ou de diminuer la taille du bloc. On peut également déplacer le bloc et le glisser à un autre endroit de la feuille.

Il faut également placer la légende.

7. Dans la barre d'outils verticale :

➤ Cliquez sur le bouton **Légende** ❶ pour dessiner sur la feuille un carré, dans le coin inférieur gauche, d'une dimension globale de 7 cm ❷.

8. La boîte de dialogue **Choix de la légende** apparaît :

➤ Dans la famille **Couches virtuelles**, sélectionnez celle préalablement sauvegardée sous le nom **Emplois dans services** ❸.
➤ Associez cette légende à la carte dont vous choisissez le numéro à l'aide de la liste déroulante ❹.
➤ Activez les options du bloc légende : **Fond opaque** sans **Cadre** autour de la légende ❺.

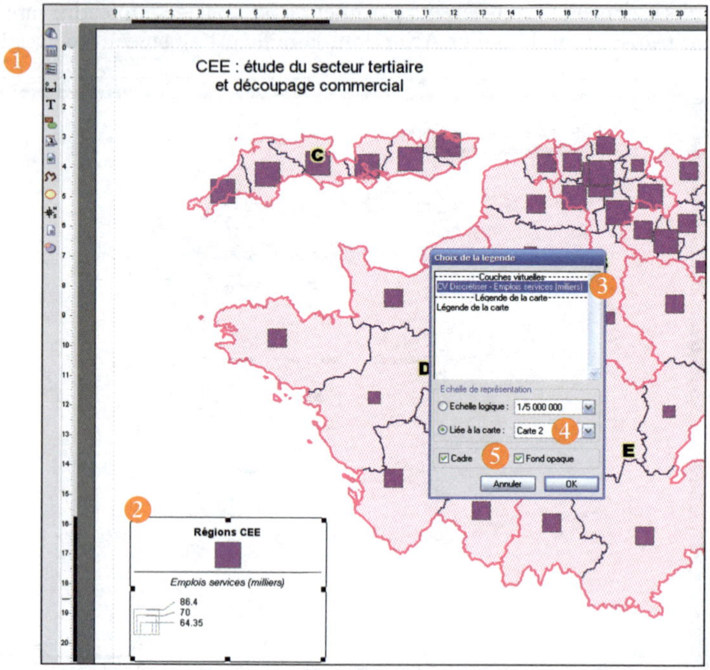

➤ Cliquez sur le bouton **OK** pour valider. Le bloc légende s'affiche.
Les poignées permettent d'agrandir ou de diminuer la taille du bloc. On peut également déplacer le bloc pour le glisser à un autre endroit de la feuille.

Il faut positionner le Nord.

9. Dans la barre d'outils verticale :

➤ Cliquez sur le bouton **Symboles vectoriels** ① pour dessiner sur la feuille un carré, dans le coin supérieur droit, d'une dimension globale de 2 cm ②.

La boîte de dialogue **Propriété du bloc Symbole** apparaît :
➤ À l'aide de la première liste déroulante, choisissez la famille de symboles **Flèche Nord** ③.
➤ Dans la seconde ④, sélectionnez le symbole retenu.
➤ Choisissez une **Couleur** et un **Fond** si besoin. Les croix signifient qu'on dessine le symbole dans ses couleurs initiales.
➤ Définissez l'orientation en l'associant à la carte pour que GeoConcept calcule l'angle en fonction de la carte dessinée ⑤.

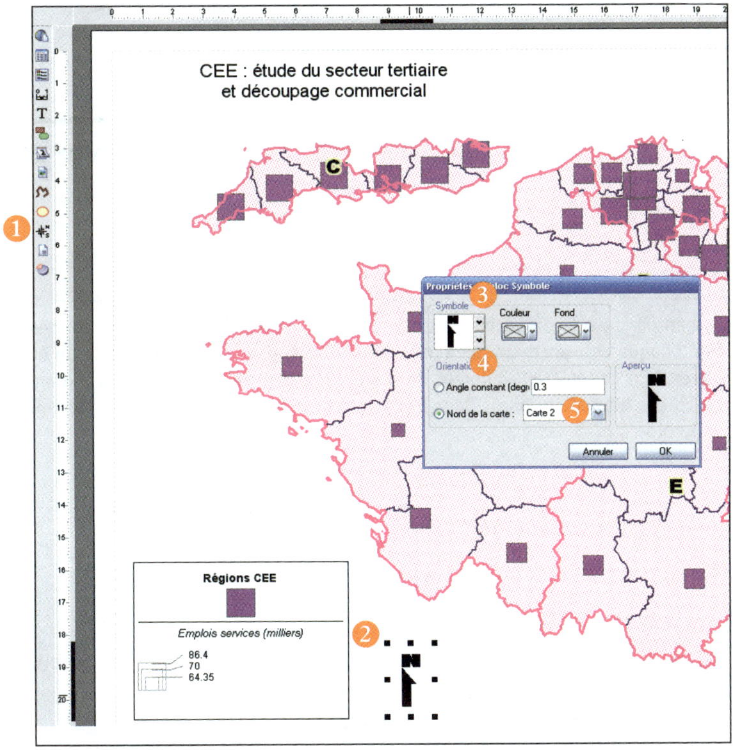

➤ Cliquez sur le bouton **OK** pour valider. Le bloc Nord s'affiche.
Les poignées permettent d'agrandir ou de diminuer la taille du bloc. On peut également déplacer le bloc pour le glisser à un autre endroit de la feuille.

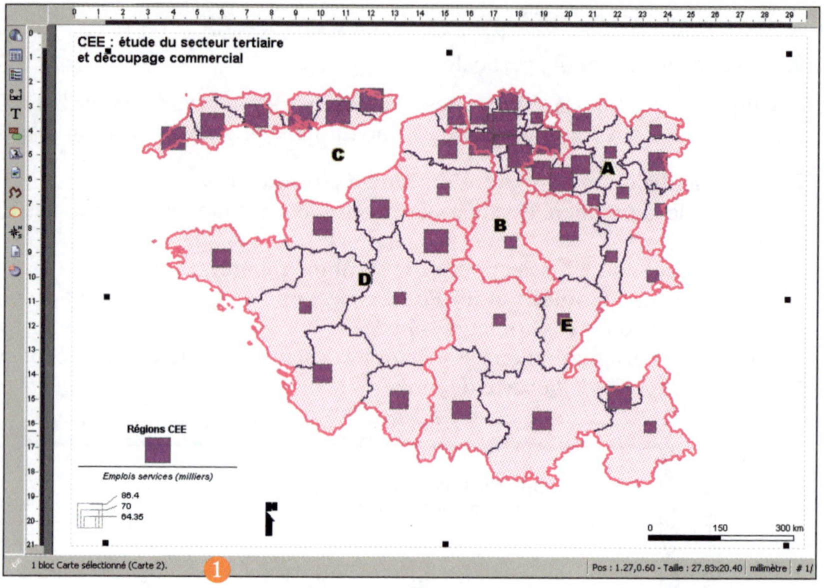

ASTUCES

Une mise en page peut comporter plusieurs blocs de genres différents, positionnés sur la feuille de papier. Chaque bloc porte un numéro qu'il est nécessaire de spécifier quand un bloc est associé à un autre. Pour connaître le numéro d'un bloc, il suffit de cliquer dessus, en mode **Sélection** (bouton Flèche blanche activé). Dans la barre d'état en bas de l'écran s'affichent le nom et le numéro du bloc 1.

3 ENREGISTRER LE RAPPORT

Il existe plusieurs façons d'enregistrer une mise en page.

1. Dans la barre d'outils horizontale :

➤ Cliquez sur le bouton représentant une disquette 1 après avoir vérifié le nom donné à la mise en page en début de création.

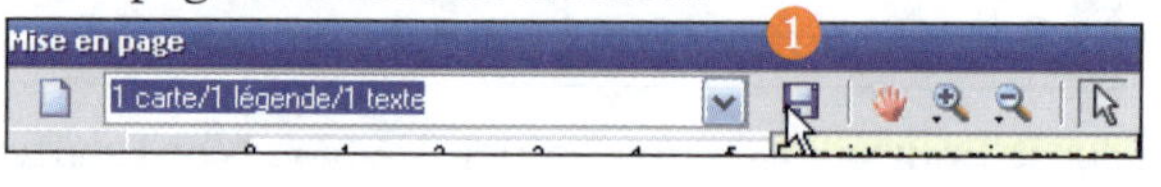

2. Dans la boîte de dialogue **Mise en page** qui apparaît :

➤ Choisissez la destination des données :
– soit vous enregistrez la mise en page dans les **Ressources de la carte**. Elle sera systématiquement associée aux deux fichiers de la carte (.gcm / .gcr) ❶ ;
– soit vous enregistrez la mise en page dans un fichier externe au format xml, réutilisable indépendamment de la carte support ❷.

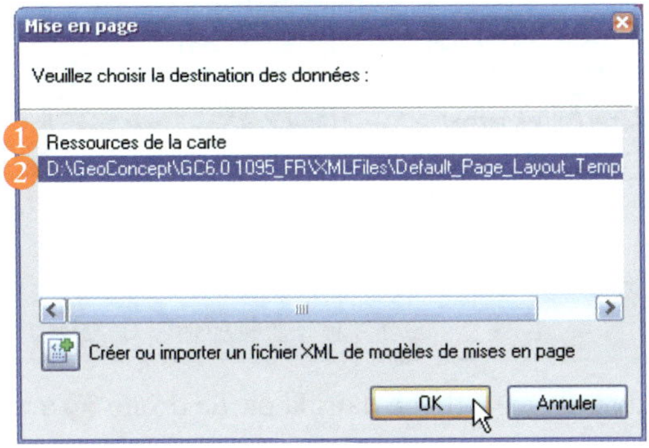

4 Visualiser et imprimer le rapport

1. Dans la liste des mises en page ❶ :

➤ Sélectionnez le **Catalogue des mises en page** permet de visualiser les différentes mises en page enregistrées (ressources de la carte et fichier xml) afin de consulter leur contenu, les charger pour les modifier éventuellement.

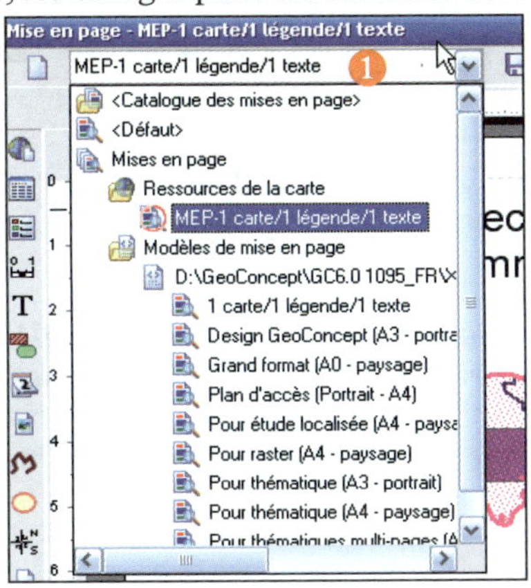

2. La boîte de dialogue **Catalogue des mises en page** apparaît :

➤ Sélectionnez, dans la liste de gauche la mise en page précédemment enregistrée : **Etude 1 carte/1 légende/1 texte** ❶.

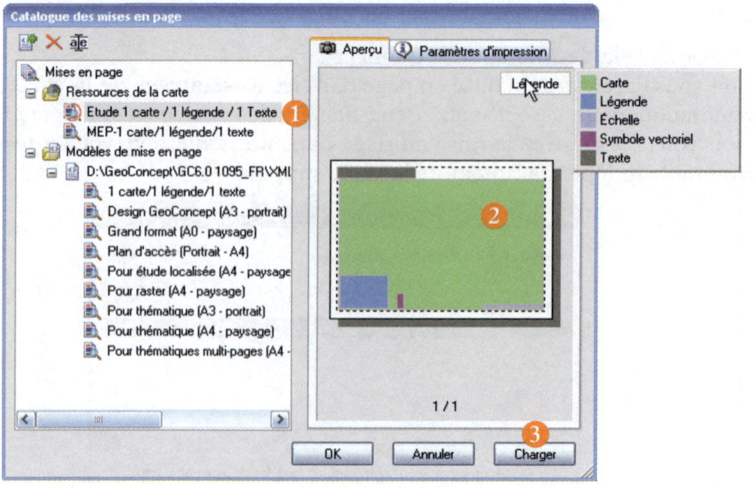

➤ Un aperçu de celle-ci s'affiche dans la partie droite ② avec une Légende associée.

➤ Cliquez sur le bouton Charger ③ pour afficher et visualiser la mise en page.

3. Dans la liste déroulante des imprimantes connectées à votre ordinateur :

➤ Sélectionnez Générateur de PDF ①

➤ Cliquez sur l'icône de l'imprimante ②
La génération du fichier au format PDF s'exécute. Adobe Acrobat Reader est ensuite ouvert automatiquement et propose une image de la mise en page réalisée.

Pour visualiser le résultat, ouvrez la carte ***ScenarioB_chap11.gcm*** *dans le dossier* ***GeoConcept\Cartes\ScenarioB*** *avec l'onglet de visibilité* ***Secteurs*** *et la position* ***Vue globale****.*
Exécutez la commande ***Mise en page*** *du menu* ***Fichier*** *pour visualiser l'analyse.*

Pour aller plus loin

GeoConcept Sales & Marketing

GeoConcept Sales & Marketing permet d'analyser de nombreuses données statistiques *via* un territoire, de les rejouer sur d'autres territoires et de produire des rapports cartographiques de qualité, le tout rapidement.
Son interface, conçue essentiellement à base d'assistants qui guide l'utilisateur pas à pas, en fait un produit simple et convivial, y compris pour les personnes novices dans le domaine de la cartographie.
GeoConcept Sales & Marketing est installé, comme tout autre produit de la gamme GeoConcept, à l'aide d'une clé fournie par GEO CONCEPT SA. Il est livré avec une base de données Europe intégrant des données statistiques variées sur la Communauté économique européenne.

1 Initialisation de la carte

1. Dans le menu **S&M** :

➤ Exécutez la commande **Initialisation**.

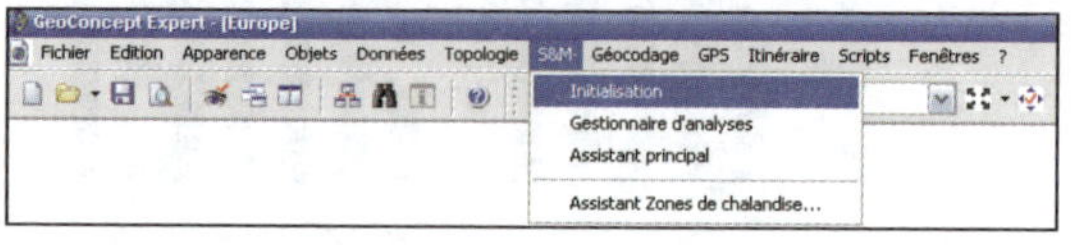

2. La boîte de dialogue **Initialisation** apparaît :

➤ Dans la partie gauche, sélectionnez un des Sous-types surfaciques disponibles ①.
➤ Basculez-le dans la partie droite à l'aide du bouton **Ajouter** ②. Le Sous-type retenu **Pays** apparaît alors dans la partie droite du dialogue.

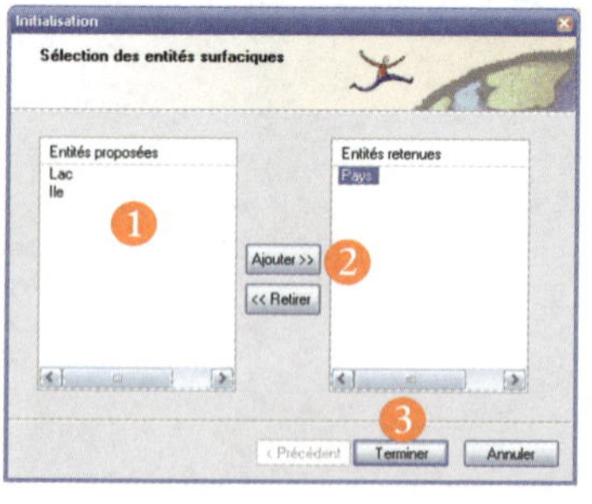

➤ Cliquez sur le bouton **Terminer** ③ pour que GeoConcept Sales & Marketing déclenche l'initialisation des données indispensables. Il guide l'utilisateur pas à pas dans les différentes actions à enchaîner.

3. Dans le menu **S&M** :

➤ Exécutez la commande **Gestionnaire d'analyse**. La boîte de dialogue **Gestionnaire S&M** apparaît verticalement à droite de l'écran.

Le gestionnaire S&M est organisé en trois parties :

- la partie supérieure permet de gérer les **Territoires** (zones géographiques d'analyse) ;
- la partie médiane concerne les **Analyses** (données statistiques cartographiées) ;
- la partie inférieure propose l'**Habillage** de la carte en vue d'une mise en page.

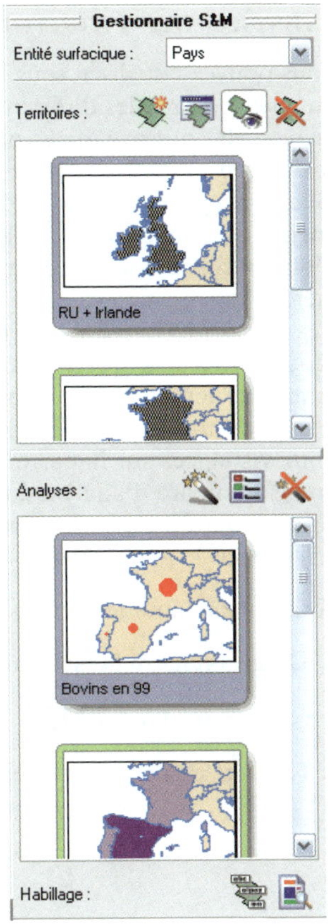

2 Gestion des territoires

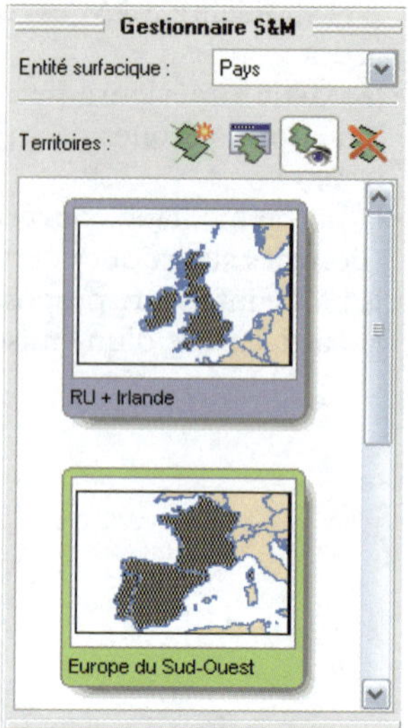

Vous pouvez visualiser, sous forme de vignettes ou vues réduites, les différents territoires enregistrés. Ils sont organisés par types d'entités surfaciques, c'est-à-dire par Sous-types d'objets GeoConcept. C'est la liste déroulante **Entité surfacique** qui permet de choisir le Sous-type d'objets correspondant aux territoires à étudier.

Les territoires correspondent à des positions sauvegardées, à des listes d'objets ou des requêtes GeoConcept (voir **Les fonctionnalités incontournables** du présent ouvrage).

Pour visualiser sur la carte un des territoires du gestionnaire d'analyses, il suffit de cliquer dessus pour que la carte se redessine à l'écran, centrée sur le territoire.

Vous allez maintenant créer un territoire.

1. Dans la fenêtre **Gestionnaire S&M** :

➤ Cliquez sur l'icône .

2. La boîte de dialogue **Création d'un territoire** apparaît :

➤ Donnez un **Nom** (1) à la vignette, puis sélectionnez sur la carte un ou des pays selon la méthode de votre choix (2).

➤ Appuyez sur le bouton **Créer** (3) pour valider la création du territoire.

Dans le menu **Gestionnaire S&M** :

- Cliquez sur l'icône . La boîte de dialogue **Liste** apparaît.

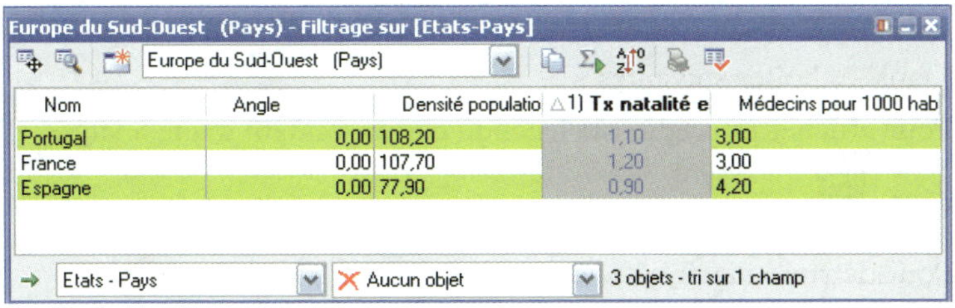

La liste permet de visualiser les attributs et de les modifier si besoin. Pour plus d'informations sur les fonctionnalités de la liste, voir en début d'ouvrage **Les fonctionnalités incontournables**.

- Cliquez sur l'icône afin de visualiser le territoire choisi sur la carte.
- Cliquez sur l'icône pour détruire le territoire sélectionné.

3 GESTION DES ANALYSES

Dans la partie médiane de la boîte de dialogue **Gestionnaire S&M**, vous pouvez visualiser, sous forme de vignettes ou vues réduites, les différentes analyses effectuées et enregistrées.

Les **Analyses** correspondent à des couches virtuelles thématiques (plages de couleurs, symboles, camemberts, histogrammes), associées à des Sous-types d'objets GeoConcept.

En double-cliquant sur la vignette d'une analyse sélectionnée, on édite ses différents paramètres pour les modifier ou les consulter à travers les menus GeoConcept. Pour en savoir plus sur les couches virtuelles, voir **les fonctionnalités incontournables** en début d'ouvrage.

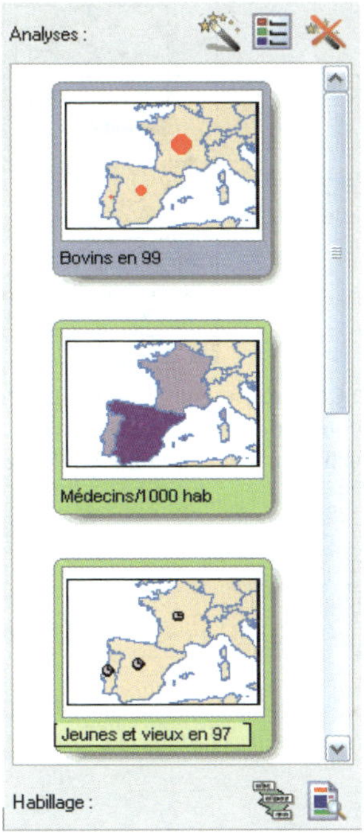

1. Dans le menu **Gestionnaire S&M** :

- Pour créer une analyse, cliquez sur l'icône .
- Suivez ensuite les indications de l'assistant pour réaliser une analyse.

2. Dans les boîtes suivantes :

- Pour afficher puis éditer la légende correspondant à une analyse, cliquez sur l'icône .
- Pour détruire l'analyse sélectionnée, cliquez sur l'icône .

ASTUCES

Les analyses du **Gestionnaire S&M** peuvent être visualisées sous forme de vignettes ou sous forme de texte. Un **clic droit** ① sur une analyse donne accès à un menu contextuel qui permet de passer du mode vignette au mode texte ②.

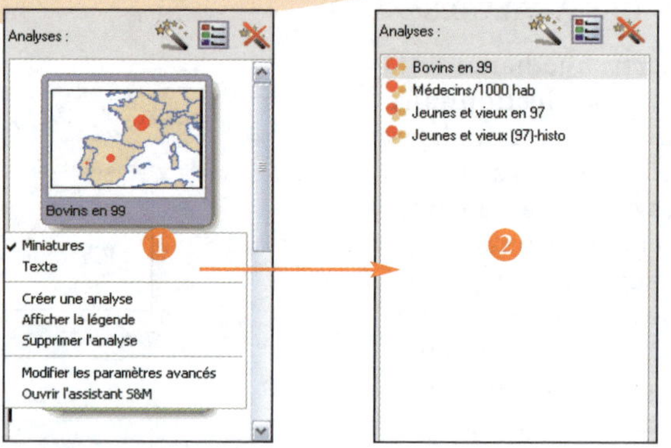

Le menu contextuel permet aussi de créer une nouvelle analyse, d'afficher la légende de l'analyse sélectionnée, de supprimer une analyse, de modifier les paramètres avancés (fenêtres de paramétrage des couches virtuelles **Symboles, Plages de couleurs**... de GeoConcept) ou d'ouvrir l'assistant S&M.

4 Création automatique de zones de chalandise par zone tampon

Dans GeoConcept Sales & Marketing, il est possible de générer des zones de chalandise par la création de zones tampon ou par le regroupement d'objets existants.

Cette fonctionnalité est accessible par le menu **S&M / Assistant zones de chalandise**, à condition d'avoir sélectionné un ou plusieurs objets au préalable (des objets ponctuels le plus souvent) à partir duquel ou desquels les zones de chalandise vont être créées.

1. Dans le menu **S&M** :

➤ Exécutez l'**Assistant Zones de chalandise**.

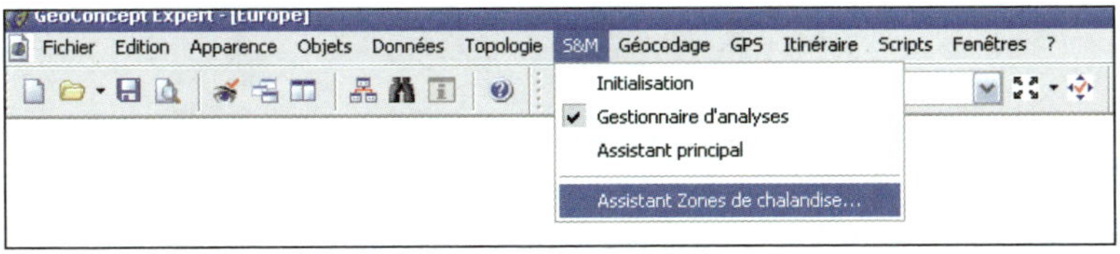

La boîte de dialogue **Assistant Zones de chalandise** apparaît. Elle se décompose en deux parties : **Zones tampon** ❶ et **Regroupement** ❷.

La première fonctionnalité permet de générer de façon automatique de une jusqu'à trois zones tampon, à partir du ou des objets préalablement sélectionnés.

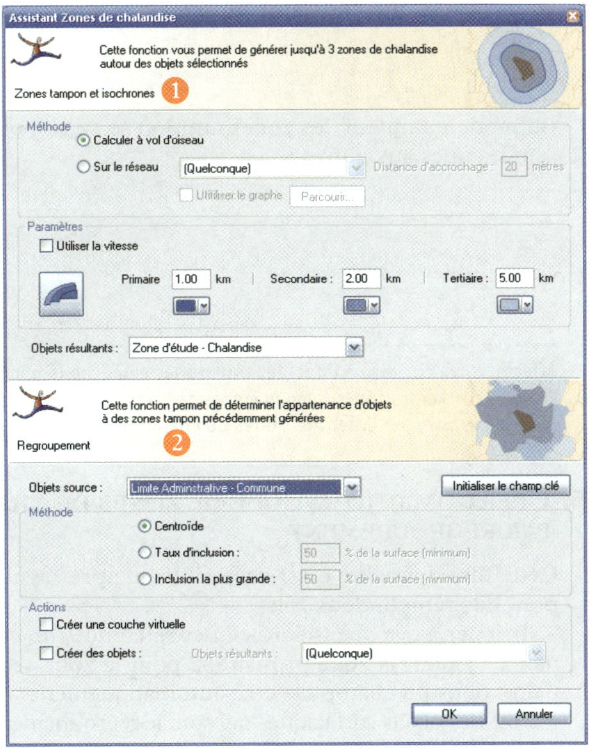

2. Dans la boîte de dialogue **Assistant zones de chalandise** :

➤ Indiquez la **Vitesse** moyenne de déplacement à vol d'oiseau (1), puis l'amplitude en temps pour chacune des trois zones : **Primaire** (2), **Secondaire** (3) et **Tertiaire** (4).

➤ Choisissez une couleur (5) pour représenter chacune des trois zones résultantes. La fenêtre **Apparence des polygones** apparaît alors. Vous pouvez y changer l'apparence standard des objets en jouant sur l'épaisseur du contour, la trame intérieure, la couleur de la trame et du fond.

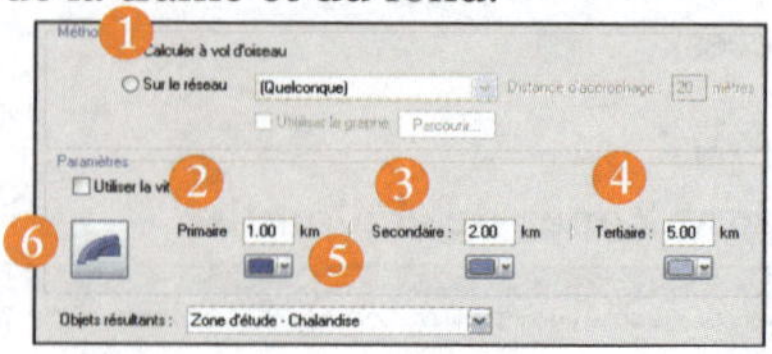

➤ Cliquez sur le bouton (6) pour sélectionner le mode **Différentiel** ou le mode **Cumulatif**.

En mode différentiel, les zones secondaire et tertiaire vont former une couronne autour de la zone primaire :

En mode cumulatif, les zones tampon se superposent les unes aux autres :

Astuces

Affecter la valeur zéro à l'une des trois zones empêche la génération de la zone correspondante.
Veillez à stocker les zones tampon créées dans un Sous-type de genre surfacique prévu au préalable (voir le chapitre 5 – **Créer des zones de chalandise**).

5 Création automatique de zones de chalandise par regroupement

Cette fonctionnalité n'est accessible qu'après avoir paramétré les **zones tampon**. Elle remplit deux rôles :
– attribuer à des objets surfaciques références un code zone tampon d'appartenance (1 pour la zone primaire, 2 pour la zone secondaire, 3 pour la zone tertiaire) dans un champ clé créé automatiquement ;
– créer des objets surfaciques qui sont le regroupement des objets Référence, à partir de la valeur du champ clé affecté précédemment.

1. Dans le menu **S&M** :
➤ Exécutez l'**Assistant Zones de chalandise**.

2.Dans la boîte de dialogue **Assistant Zones de chalandise** :
➤ Choisissez dans la liste déroulante, parmi la liste des Types / Sous-types d'objets surfaciques de la carte, celui qui contient les objets Référence qui vont servir au regroupement ①. Sur ce Sous-type d'objets, est créé un champ particulier appelé **[ID zone de chalandise]** de genre **Entier**.
Le champ **[ID de zone de chalandise]** peut comporter trois valeurs :
– 1 si l'objet référence appartient à la zone tampon primaire ;
– 2 s'il appartient à la zone tampon secondaire ;
– 3 s'il appartient à la zone tampon tertiaire.
➤ Choisissez parmi les trois méthodes de remplissage de ce champ :
• **centroïde** ② : la valeur du champ de l'objet référence correspond à la zone tampon dans laquelle se trouve le centroïde de l'objet référence ;
• **taux d'inclusion** ③ : la valeur du champ dépend du pourcentage de surface de l'objet référence se trouvant dans la zone tampon en respectant l'ordre suivant : zone primaire, puis zone secondaire et enfin zone tertiaire ;
• **inclusion la plus grande** ④ : la valeur du champ est attribuée à l'objet référence en fonction de la plus grande intersection avec une des zones.

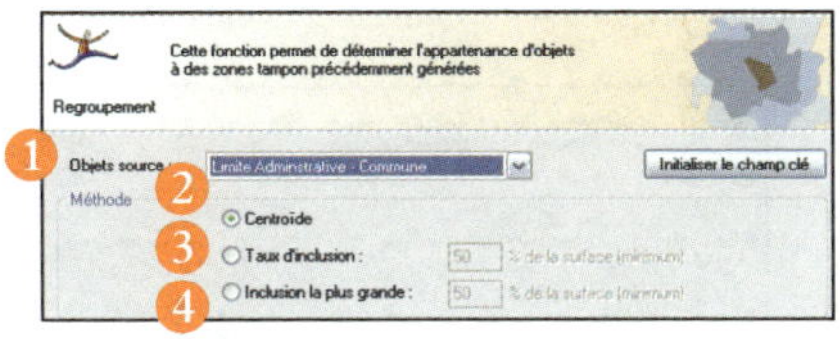

3. Sur la carte :
➤ Si vous avez sélectionné la méthode **Centroïde** :

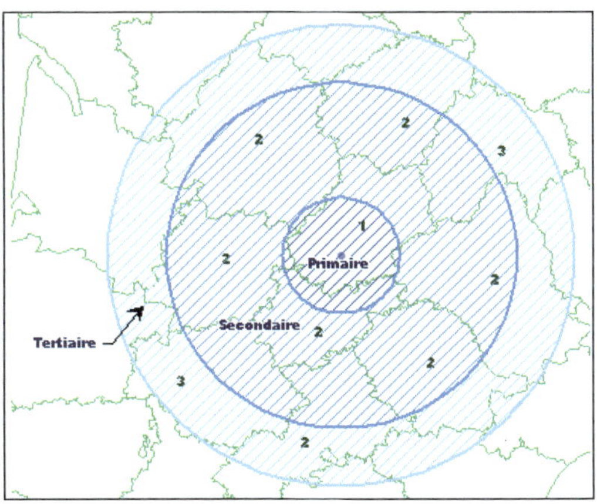

Le champ **[ID zone de chalandise]** a pour valeur 2 si le **centroïde** du département se trouve en zone 2.

➤ Si vous avez sélectionné la méthode **Taux d'inclusion** :

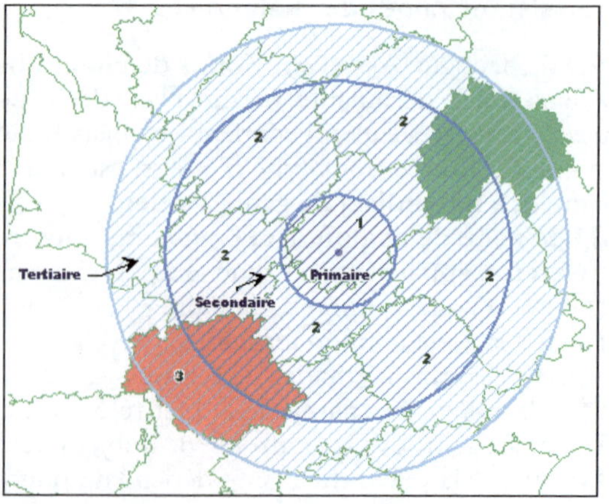

Le champ **[ID zone de chalandise]** prend pour valeur 3 si plus de 50 % de la surface d'une zone est dans la zone tertiaire (cf. département du Gers en rouge sur la carte ci-dessus). Si la surface est inférieure à **50%**, le champ **[ID zone de chalandise]** reste vide (cf. département du Cantal en vert).

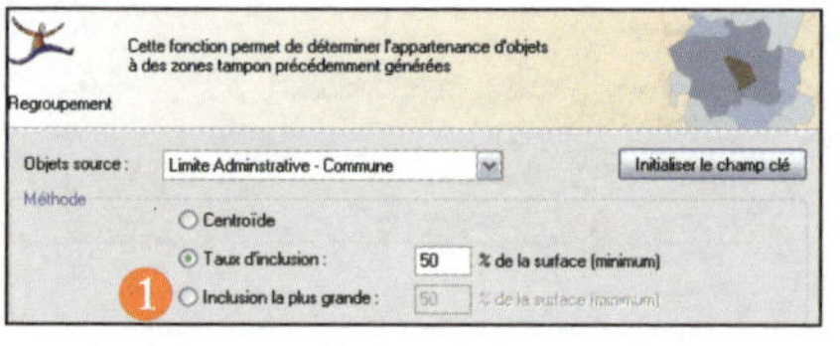

➤ Si vous avez sélectionné la méthode **Inclusion la plus grande** ❶ :
La valeur du champ est attribuée à l'objet référence en fonction de la plus grande intersection avec une des zones.

4. Dans l'**Assistant Zones de chalandise**, il reste encore trois options à découvrir :

– **Créer une couche virtuelle** ① : GeoConcept crée automatiquement une couche virtuelle de genre **Plages de couleurs** associée au champ **[ID zone de chalandise]** sur les objets Référence.
Trois classes sont créées, fondées sur les trois valeurs (1, 2 et 3) que peut prendre le champ, et la représentation visuelle reprend les trois couleurs choisies pour l'apparence de chacune des trois zones tampon primaire, secondaire et tertiaire. Cette action permet de différencier visuellement les objets en fonction de leur zone de chalandise.

– **Créer des objets** ② : en cochant cette case, il est nécessaire d'ouvrir la liste déroulante pour choisir le Sous-type d'objets surfaciques avec lequel les objets résultants vont être générés. Trois objets sont créés : ils correspondent au regroupement des objets Référence ayant la même valeur du champ **[ID zone de chalandise]** (1, 2 ou 3).

– Dans le cas d'opérations répétitives, le bouton **Initialiser le champ clé** permet de vider le champ avant de lancer à nouveau l'opération de regroupement d'objets références.

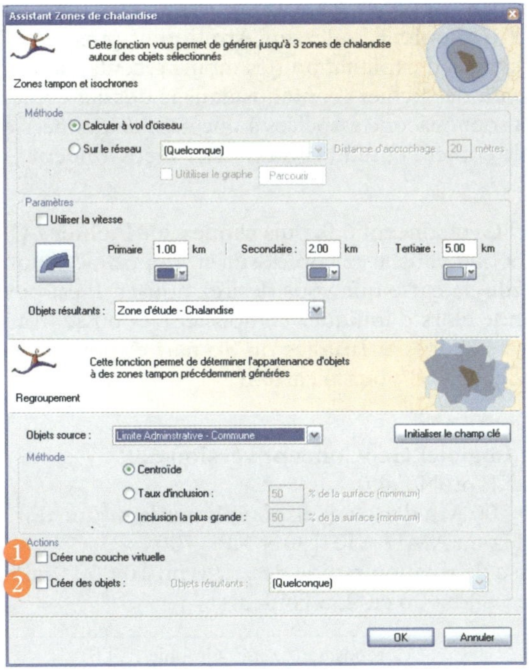

Cédérom

Contenu du CD

Deux cartes GeoConcept vierges sont disponibles :

– la carte A représente quatre arrondissements de Paris et sera utilisée dans les chapitres 1 à 7.

– la carte B représente une région européenne et sera utilisée dans les chapitres 8 à 11.

11 cartes « corrigées » permettent de visualiser le résultat attendu, à la fin de chaque chapitre.

Si vous êtes équipé du logiciel GeoConcept 6.0, vous pourrez ouvrir et compléter ces cartes en suivant les indications fournies dans le livre.

Si vous ne possédez pas GeoConcept 6.0, vous pouvez l'acquérir sur demande par mail (info@geoconcept.com), ou bien suivre les indications et les nombreuses illustrations du livre suffiront à vous familiariser avec les fonctionnalités principales du logiciel.

Première utilisation

Une fois le cédérom inséré dans le lecteur, ouvrez l'**explorateur Windows** ou le **Poste de travail** et accédez jusqu'au lecteur CD. Là, double-cliquez sur le nom du cédérom **PP GeoConcept**, le dossier **GeoConcept** va alors apparaître dans l'arborescence du CD. Copiez-le sur votre ordinateur. Cela peut prendre quelques minutes (le dossier fait 300 Mo).

Avant d'ouvrir les cartes, sélectionnez la copie du dossier **GeoConcept**, effectuez un clic droit. Un menu apparaît. Cliquez sur **Propriétés**. Une fenêtre s'ouvre. Décochez la case **Lecture seule**. Cliquez sur **Appliquer**, puis sur **OK**.

Sous certains systèmes d'exploitation (les moins récents), il faudra faire cette manipulation sur chacun des fichiers contenus dans le dossier copié sur votre poste.

Les cartes A et B sont chacune associées à une base de données et à des images. Il est donc impératif de copier l'ensemble du dossier **GeoConcept**.

Ouverture d'une carte

Ouvrez le logiciel GeoConcept 6.0, puis cliquez sur **Fichier / Ouvrir.** Sélectionnez, parmi les fichiers que vous avez copiés sur votre poste et dont vous avez ôté l'option **Lecture seule**, la carte que vous désirez utiliser. Il est possible que GeoConcept vous demande alors d'indiquer l'emplacement où se trouve les images. Dans ce cas, pointez vers le dossier **Images** du ScenarioA pour la carte A et vers le dossier **Images** du ScenarioB pour la carte B.

Configuration minimale

Être équipé du Logiciel GeoConcept version 6.0

Windows 2000, XP ou NT 4.0.

128 Mo RAM – 500 Mo d'espace disponible sur le disque dur

Pentium 200 MHz ou AMD ATHLON XP 1700

Si possible, vitesse de rotation rapide de 7 200 ou 10 000 t/min.

Carte graphique : 800x600 en 256 couleurs

Composition : Laser Graphie (CTP)
Éditions Foucher – 58 rue Jean Bleuzen – 92178 Vanves
N° 76872 – Septembre 2006 – 01 – NL/STM
Achevé d'imprimer en septembre 2006
N° d'impression :16123